코바늘로 만드는 손뜨개 인형 15

쿡 케이의
오밀조밀
귀여운 친구들

쿡 케이 지음 · 김수영 옮김

지금책

코바늘로 만드는 손뜨개 인형 15

쿡 케이의 오밀조밀 귀여운 친구들

초판 1쇄 인쇄 2024년 12월 5일
초판 1쇄 발행 2024년 12월 10일

지은이 쿡 케이
옮긴이 김수영

펴낸이 최정이
펴낸곳 지금이책
등록 제2015-000174호
주소 경기도 고양시 일산서구 킨텍스로 410
전화 070-8229-3755
팩스 0303-3130-3753
이메일 now_book@naver.com
블로그 blog.naver.com/now_book
인스타그램 nowbooks_pub

ISBN 979-11-88554-84-3 (13630)

* 이 책 내용의 전부 또는 일부를 이용하려면 반드시 저작권자와 지금이책의 서면 동의를 받아야 합니다.
* 잘못되거나 파손된 책은 구입하신 서점에서 교환해드립니다.
* 책값은 뒤표지에 있습니다.

머리말

제가 손뜨개를 시작했을 때는 4년 후 세 번째 책을, 그것도 프랑스어로 책을 출간하리라고는 상상도 못 했어요.

저는 베트남에서 태어났고 2014년부터 프랑스에 살고 있답니다. 프랑스에 온 당시에는 그림 그리는 것을 무척 좋아했고, 저만의 작은 그림을 그리곤 했어요. 특히 결혼 등 특별한 날을 맞은 가족과 커플을 즐겨 그렸어요. 강도가 높거나 규칙적인 작업은 아니었지만 제가 창의적 취미활동에 발을 들여놓기에는 충분했습니다.

그러다 2016년 말 딸이 태어난 후 첫 3년 동안 풀타임으로 육아를 하게 되었습니다. 아이를 돌보는 것 이외에 무엇을 할 수 있을까 고민을 참 많이 했어요.

제 남편과 딸은 각자의 방식으로 저를 코바늘 뜨개질의 세계로 이끌었어요. 남편은 다른 것은 신경 쓰지 말고 오직 제가 좋아하는 것만 하라면서 가정주부인 저를 누르고 있던 사회적 부담을 덜어주었어요. 하지만 결정적으로 저에게 영감을 준 사람은 바로 제 딸이에요. 2017년 말, 저는 첫 뜨개질로 딸에게 고양이 귀가 달린 작은 모자를 떠주었답니다.

그때부터 손뜨개 세계를 향한 저의 여정이 자연스럽게 펼쳐졌어요. 제가 손뜨개를 직업으로 삼으려고 노력한 적은 없었는데도 일이 술술 풀렸답니다.

저는 첫 번째 코바늘 뜨개질 책을 내고, 그다음 두 번째 책을 냈어요. 그리고 SNS에서 점점 더 큰 지지와 관심을 받으면서 더 큰 프로젝트를 시작했고, 그 결과 지금 이렇게 기쁜 마음으로 여러분에게 세 번째 책을 소개합니다. 손뜨개는 그 자체로도 저에게 큰 기쁨이지만 무엇보다도 전 세계에 걸친 거대한 커뮤니티와 연결되는 기쁨, 모두가 자신만의 캐릭터를 만들면서 만족감을 느낄 수 있음을 깨닫는 기쁨을 가져다주었어요.

쿡 케이의 아름다운 세상에 오신 것을 환영합니다. 이곳에서 여러분은 상상의 세계에서 온 15가지 친구들을 만날 수 있어요. 밤마다 마을을 지키는 슈퍼히어로 고양이부터 잃어버린 숲속의 예쁜 버섯, 투명한 바다의 인어까지 사랑스러운 캐릭터들을 만나보세요. 제가 상상하는 마법 세계의 일부인 각각의 캐릭터는 자기만의 이야기를 간직하고 있어요. 여러분도 저만큼 이 오밀조밀 귀여운 친구들을 사랑하고, 새 친구들을 한 땀 한 땀 뜨면서 마음의 평화를 얻길 바랍니다.

즐거운 시간 보내세요!

-쿡 케이

차례

재료와 기법

인형 만들기

재료와 기법

도구와 재료

실

뜨개실

인형을 만드는 뜨개실은 정말 다양하기 때문에 여러분의 기호에 따라 고르면 됩니다.

실을 고를 때 중요한 것은 신축성이 없는지 확인하는 거예요.

실에 신축성이 없어야 솜으로 속을 채울 때 형태가 일그러지지 않거든요.

다양한 종류의 실을 테스트해보고 여러분에게 가장 적합한 실을 고르길 권합니다.

이 책에서는 DMC사의 실을 사용했어요.

- 정교하게 뜨개질할 수 있는 **네추라 저스트코튼**Natura Just Cotton(50g, 155m)
- 네추라 저스트코튼과 똑같지만 다채로운 색이 섞인 **네추라 저스트코튼 멀티코**Natura Just Cotton Multico
  (50g, 155m)

- 단면 지름이 손뜨개 인형을 뜨기에 안성맞춤인 **해피코튼**Happy Cotton(20g, 43m)
  해피코튼은 네추라 저스트코튼보다 굵어서 초보자들도 쉽게 사용할 수 있지만 43m짜리밖에 없어서 몇 타래가 필요할지 예상하고 준비해두어야 해요.
- 해피코튼과 비슷하고 똑같은 색상도 있지만 타래의 크기가 더 큰 **100% 베이비코튼**100% Baby Cotton (50g, 106m)
- 세상에서 가장 질 좋은 양모로 인정받은 순수 메리노 울로 짜인 **울리**Wooly(50g, 125m)
  서로 다른 크기의 코바늘을 써서 네추라 저스트코튼, 해피코튼과 혼용할 수 있어요. 인형 옷을 뜨기에 적합한 실이에요.
- 메리노 울로 짜인 고급 실로, 펄이 더해져 인형에 좀 더 특별한 효과를 줄 수 있는 **울리 시크**Wooly Chic (50g, 125m)
- 부드럽고 볼륨감이 있어 인형에 독특한 질감을 주는 **테디**Teddy(50g, 90m)

실이 얼마나 필요한지 가늠할 수 있도록 각각의 설명 앞에 제가 쓴 실타래의 양을 표시해두었어요. 하지만 뜨개질에 가해지는 손의 힘과 뜨개 방법에 따라 필요한 실의 양이 조금씩 차이가 날 수 있어요. 제가 쓴 실의 종류와 색상은 하나의 옵션일 뿐이고, 개인의 기호에 따라 다른 종류와 색상의 실을 써서 여러분만의 인형을 만들 수 있다는 사실을 기억해주세요.

자수실
인형이나 작은 모티프의 눈(나사눈을 사용하지 않을 경우)과 코를 뜨기 위한 자수실도 필요해요. 뜨개질에 쓴 실도 세세한 부분을 수놓을 때 쓸 수 있어요. 이 책에서는 DMC 브로더스페셜Broder Spécial 25번사를 사용했어요.

양모펠트
저는 이 책에서 양모펠트 기법도 사용했어요.
1. 양모펠트 바늘을 잡습니다. 양모펠트 바늘은 바늘 끝에 있는 아주 작은 끌로 구분할 수 있어요(1).
2. 손뜨개 인형 위에 양모를 놓고 두 섬유가 섞이도록 여러 번 찔러줍니다(2).
3. 찌르기를 반복하다 보면 양모가 점차 더 촘촘하고 단단해져서 여러분이 원하는 모양을 만들 수 있어요(3).

1

2

3

코바늘

뜨개질하는 동안 손가락에 무리가 가지 않도록 질이 좋은 코바늘을 써야 해요. 사람마다 코바늘 잡는 방법이 다르기 때문에 여러분에게 가장 편한 모델을 찾는 게 중요해요. 저는 연필을 쥐는 것처럼 코바늘을 잡기 때문에(옆 사진 참조) 손잡이가 넓고 플라스틱으로 된 클로버 소프트터치Clover Soft Touch 코바늘을 좋아해요. 손에 쥐었을 때 가장 편하거든요. 클로버 소프트터치를 발견한 이후로는 줄곧 이 코바늘만 씁니다.

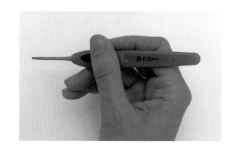

실타래에 표시된 호수보다 1~2호 작은 코바늘을 사용하면 편물이 좀 더 촘촘해져서 뜨개질이 끝나고 속을 채울 때 구멍이 생기는 것을 막을 수 있어요.

저는 네추라 저스트코튼과 네추라 저스트코튼 멀티코로 뜰 때는 2.25mm 바늘을 사용하고, 해피코튼과 100% 베이비코튼, 테디로 뜰 때는 2.75mm 바늘을 사용해요. 울리와 울리 시크는 2.25mm 바늘과 2.75mm 바늘로 뜰 수 있는데, 디자인에 네추라 저스트코튼이 포함되어 있으면 2.25mm 바늘을 사용하고 해피코튼이 포함되어 있으면 2.75mm 바늘을 사용해요.

두 눈 사이의 콧수 세기

나사눈과 나사코

시중에서 구입할 수 있는 다양한 나사눈을 사용하면 느낌이 좀 더 생생한 인형을 만들 수 있어요. 각각의 설명에 제가 추천하는 나사눈 크기를 표시했습니다. 나사코는 나사눈과 비슷하지만 삼각형이라는 점에서 구별돼요. 질이 좋은 나사눈과 나사코를 사용해야 쉽게 빠져 잃어버리는 일이 없어요. 저는 레이허Rayher 브랜드 제품을 사용해요. 온라인 쇼핑몰 라스콜Rascol이나 아마존Amazon에서 다른 모델을 사기도 해요.

권장사항

나사눈을 '안전눈'이라고 부르기는 하지만 3세 이하 어린이가 가지고 놀 인형을 만들 때는 반드시 자수실로 눈을 수놓아주세요.

기본 키트

돗바늘

뜨개질한 인형의 부분 편물들을 연결할 때 사용해요. 철제 돗바늘이 플라스틱 돗바늘보다 부드럽고 사용하기

편해요. 저는 아주 실용적인 클로버 돗바늘을 자주 써요. 바늘 끝이 구부러진 덕분에 뜨개질할 때 힘이 들어가지 않아 손가락이 아프지 않아요.

단코 표시링

저는 머릿속으로 콧수를 세는 버릇이 있기 때문에 단코 표시링을 사용하지 않아요. 하지만 단의 시작이나 끝에 링을 끼워 표시해주면 콧수를 제대로 셀 수 있으니 써보시길 권장해요. 클립이나 머리핀을 써도 좋아요. 가장 중요한 것은 정확한 코에 링을 끼워서 각 단의 콧수를 실수 없이 세는 거예요. 특히 이 책에 실린 인형을 만들 때는 색상 변경이 많기 때문에 콧수를 세는 것이 뜨개질의 핵심이라고 할 수 있어요.

충전재

저는 저렴하고 구하기 쉬운 폴리에스테르 솜으로 속을 채워요. 면이나 모직물을 써도 좋아요.

인형을 만들 때 안감을 채우는 단계는 정말 중요해요. 예쁘고 모양이 잘 잡힌 인형을 만들려면 속을 단단하게 채워줘야 하거든요. 하지만 너무 많이 채워 넣으면 벌어진 코 사이로 솜이 보일 수 있으니 조심해야 해요. 뜨개질하는 중간중간에 솜을 넣어가며 만들고 있는 인형의 형태를 사진의 모델과 비교해보세요.

각 인형의 각 부위에 언제부터 충전재를 채우기 시작하는지는 설명에 안내했어요. 설명에 없으면 충전재가 필요하지 않다는 의미예요. 예를 들면 팔에는 충전재를 넣지 않아요.

블러셔와 브러시

인형의 뺨에 브러시로 블러셔를 톡톡 발라서 발그레하게 해주면 더 생기 있어 보여요.

진주머리 시침핀

자수를 놓을 위치를 표시하거나 각기 다른 편물을 바느질로 연결하기 위해 고정할 때 아주 유용한 도구예요. 핀을 사용해 각 부분을 임시로 고정하면 바느질하기 전에 자리가 제대로 잡혔는지, 대칭이 맞는지 확인할 수 있거든요. 마찬가지로 핀으로 얼굴의 중앙을 표시해두면 인형의 눈과 입 또는 주둥이를 딱 알맞은 자리에 쉽게 수놓을 수 있어요.

추가 재료

가끔 좀 더 기발한 인형을 만들기 위해 단추나 리본, 천 조각을 추가로 사용하곤 해요. 철사로 안경을 만들기도 하고요. 하지만 3세 이하 어린이를 위한 인형에는 단추나 철사 사용을 피하시기 바랍니다.

가위

각 편물의 뜨개질이 끝날 때마다 실을 잘라주려면 작은 가위는 필수예요.

코바늘
손뜨개 기법

뜨개 기법

사슬뜨기
1. 바늘 주위로 느슨한 고리를 만듭니다(1).
2. 바늘에 실을 걸어(2) 화살표 방향으로 한 번에 빼냅니다(3). 필요한 수만큼 반복하여 사슬을 뜹니다(4).

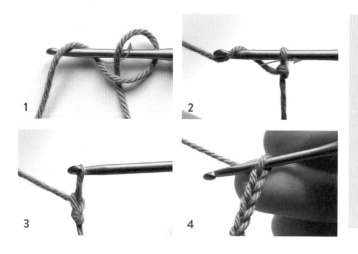

> ### 실 걸기란?
>
> 코에 바늘을 넣기 전 혹은 넣은 후에 바늘에 실을 한 번 거는 것을 가리킵니다. 일반적으로는 실을 바늘 위로 걸지만, 바늘 아래로 걸 수도 있어요 (13쪽 X형태 짧은뜨기에 두 가지 실 걸기에 대한 그림이 있어요).

빼뜨기
1. 코에 바늘을 넣습니다(1).
2. 바늘에 실을 걸어(2) 화살표 방향으로 2개의 고리를 한 번에 통과시켜 빼냅니다(3).

짧은뜨기

V형태 짧은뜨기

일반 짧은뜨기입니다.

1. 코에 바늘을 넣습니다(1).
2. 바늘에 실을 걸어 첫 번째 고리로 빼냅니다(2).
3. 바늘에 실을 한 번 더 걸어 2개의 고리를 한 번에 통과시켜 빼냅니다(3).

X형태 짧은뜨기

짧은뜨기를 하려면 두 번 실을 걸게 되는데 두 번 다 바늘 위로 걸어서 빼내면 V형태 짧은뜨기가 되고, 한 번은 바늘 아래로(1), 한 번은 바늘 위로 걸어서(2) 빼내면 X형태 짧은뜨기가 됩니다. 제가 생각하기에는 X형태가 좀 더 촘촘하고 보기 좋은 것 같아요.

다음을 따라 X형태 짧은뜨기를 떠보세요.

1. 코에 바늘을 넣고 실을 바늘 아래로 걸어서 빼냅니다.
2. 실을 바늘 위로 걸어 2개의 고리를 한 번에 통과시켜 빼냅니다.

같은 바늘과 실로 같은 지시를 따라 뜬 V형태(왼쪽)와 X형태(오른쪽) 짧은뜨기입니다.

긴뜨기

1. 바늘에 실을 걸고 코에 바늘을 넣습니다(1).
2. 다시 바늘에 실을 걸어 첫 번째 고리로 빼냅니다(2).
3. 마지막으로 바늘에 실을 걸어 3개의 고리를 한 번에 통과시켜 빼냅니다(3).

한길긴뜨기

1. 바늘에 실을 걸고 코에 바늘을 넣습니다(1).
2. 다시 바늘에 실을 걸어 첫 번째 고리로 빼냅니다(2).
3. 다시 바늘에 실을 걸어 앞 2개의 고리를 한 번에 통과시켜 빼냅니다(3).
4. 마지막으로 바늘에 실을 걸어 남은 2개의 고리를 한 번에 통과시켜 빼냅니다(4, 5).

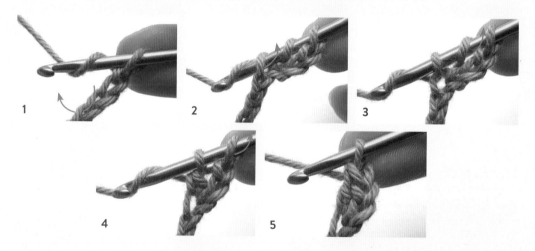

코늘리기

하나의 코에 같은 코 2개를 뜹니다. 설명에서 '코늘리기'는 짧은뜨기 코늘리기를 의미합니다.

코줄이기

일반 코줄이기

1. 코에 바늘을 넣은 후 실을 걸고 고리로 빼냅니다(바늘에 2개의 고리가 걸려 있습니다).
2. 다음 코에 바늘을 넣은 후 바늘에 실을 걸어 고리로 빼냅니다(바늘에 3개의 고리가 걸려 있습니다).
3. 바늘에 실을 걸어 바늘에 걸려 있는 3개의 고리를 한꺼번에 통과시켜 빼냅니다.

보이지 않게 코줄이기

1. 다음 두 코의 앞 반코에 바늘을 넣습니다(1). 이 상태에서 실을 걸어 바늘에 걸어둔 반코 2개를 통과시켜 빼냅니다(바늘에 2개의 고리가 걸려 있습니다)(2).
2. 다시 실을 걸어 바늘 위 2개의 고리를 통과시켜 빼냅니다(3).

설명의 '코줄이기'는 짧은뜨기 보이지 않게 코줄이기를 의미합니다.

기본 기법

매직링 만들기

(손가락에 감아 만드는) 매직링으로 원형뜨기를 시작하는 방법입니다. 사슬코로 원형코를 만들면 중간에 구멍이 생길 수 있는데, 매직링으로 만들면 이 구멍이 생기는 것을 방지할 수 있습니다. 매끄럽고 깔끔한 손뜨개를 시작하기에 좋은 방법입니다.

1. 실로 고리를 만듭니다. 코바늘을 이 고리 안으로 넣어 뜨개질할 실(타래에 연결된 실)을 걸어 고리 안으로 빼내어 느슨한 리본 형태를 만듭니다. 꽉 조이지 않고 느슨한 리본 형태를 그대로 유지합니다(1, 2).
2. 엄지와 중지로 링을 잡고 검지로 실을 한 번 감아 당겨줍니다. 바늘로 실을 걸어(3) 바늘 위에 있는 고리 안으로 빼줍니다. 이렇게 하면 매직링이 고정됩니다. 이 코는 콧수로 세지 않습니다(4).
3. 다음을 따라 필요한 개수만큼 짧은뜨기를 뜹니다.
바늘을 링 안쪽으로 통과시켜 실을 겁니다. 링에 연결된 실의 끝을 잡은 채 바늘에 실을 걸어 링을 통과시킵니다(5). 다시 한번 실을 걸어(6) 바늘에 걸린 2개의 고리를 한 번에 통과시킵니다. 첫 짧은뜨기가 완성되었습니다(7).
4. 실 끝을 단단하게 조여 매직링을 닫습니다(8, 9).

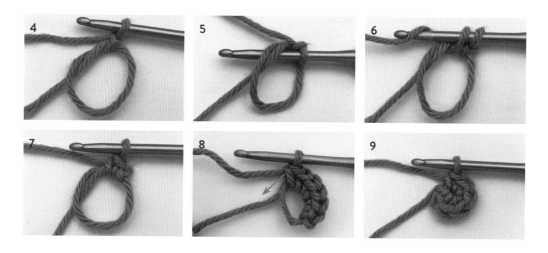

나선 원형뜨기

설명에 별다른 지시사항이 없으면 각 단을 빼뜨기로 닫지 않는 원형뜨기를 하는 것이 좋습니다. 이 테크닉을 적용하면 편물의 단과 단 사이 공간이 거의 보이지 않을 정도로 촘촘하게 뜰수 있습니다. 지금 뜨고 있는 단의 시작과 끝을 표시하는 단코 표시링이 필요한 이유이기도 합니다.

이 테크닉은 원형 편물을 뜨는 데 사용합니다. 이 경우 매직링(15쪽 참조)으로 뜨기 시작합니다. 1단을 뜬 후 원의 마지막 코에 단코 표시링을 걸어 표시합니다. 각 단의 마지막에는 걸어둔 단코 표시링을 빼고 코를 뜹니다. 그리고 새로 뜬 이 코에 다시 단코 표시링을 걸어줍니다. 새로운 단을 뜨기 시작합니다. 표시된 코까지 계속 떠줍니다.

각 단을 닫으면서 원형뜨기

이전 단의 첫 코에 빼뜨기 1코를 떠서 단을 닫아줍니다. 다음 단은 설명에 표시된 콧수에 해당하는 사슬뜨기 기둥코로 시작합니다. 기둥코는 콧수로 세지 않습니다. 이 단의 첫 코는 이 기둥코와 같은 코에 뜹니다.

주의

설명에 따로 지시된 경우를 제외하고는 각 단이 끝날 때마다 편물을 뒤집어 방향을 바꾸지 않습니다.

사슬 시작코로 뜨기

사슬뜨기 시작코를 뜹니다(1). 바늘에서 두 번째 코에 짧은뜨기를 뜹니다. 시작코를 따라 끝까지 짧은뜨기를 합니다(2). 그리고 맞은편도 같은 방식으로 떠줍니다(3, 4).

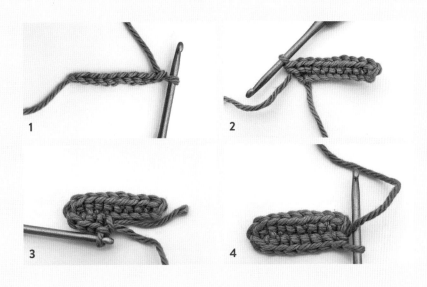

왕복뜨기

1열을 뜹니다(1). 이 열의 끝에서 편물 방향을 바꿔 설명에 표시된 숫자만큼 사슬뜨기로 기둥코를 만들고 새로운 열을 뜨기 시작합니다(2). 편물을 다 뜰 때까지 이 과정을 반복합니다(3).

앞 반코와 뒤 반코에 뜨기

코는 항상 두 가닥의 반코로 되어 있습니다.

- 여러분과 가까운 반코가 앞 반코입니다.
- 여러분과 멀리 있는 반코가 뒤 반코입니다.

인형의 어떤 부분에는 입체감을 주기 위해 두 반코 중에서 앞이나 뒤의 반코 하나에만 바늘을 넣어 뜨기도 합니다.

안과 밖 구분하기

겉쪽(1)이 보이도록 올바른 방향으로 작업하는 것이 무척 중요합니다. 안쪽(2)은 항상 인형 속을 향하게 해서 보이지 않아야 합니다. 보기 좋은 부분을 보여주기 위한 것입니다.

인형의 최종 크기 조절하기

인형의 최종 크기는 실의 굵기와 바늘의 굵기, 뜨개질하면서 실을 당기는 힘, 짧은뜨기의 형태(X 혹은 V) 등 다양한 변수에 따라 달라집니다. 설명 앞부분을 보면 목록에 있는 재료를 사용하여 특수한 짧은뜨기(X)로 뜰 때의 인형 크기가 명시되어 있습니다. 조금 더 큰 인형을 만들려면 더 굵은 실과 바늘을 사용하세요. 반대의 경우도 마찬가지입니다.

두 악어는 같은 매뉴얼에 따라 만들었습니다. 하지만 왼쪽 악어는 해피코튼(DMC)과 2.75mm 바늘로 떴고, 오른쪽 악어는 네추라 저스트코튼(DMC)과 2.25mm 바늘로 떴습니다.

실 색상 바꾸기

항상 색상1의 마지막 코를 뜨고 나서 색상을 바꿉니다.

1. 색상1의 마지막 코에 바늘을 넣습니다. 바늘로 색상1 실을 한 번 걸어 일반 짧은뜨기를 하는 것처럼 고리로 빼냅니다(바늘에 2개의 고리 확인).

2. 색상1 실은 옆에 둡니다. 바늘로 색상2 실을 한 번 걸어(1) 2개의 고리를 한 번에 통과시켜 빼냅니다(2). 색상1 실을 잡아당겨 코를 조이고 색상2 실로 계속 뜹니다.

예를 들어 설명에 '흰색-짧은뜨기 4코 / 빨강-짧은뜨기 20코'라고 명시되었다면 흰색 실로 4개의 코 각각에 짧은뜨기 1코씩 뜨고 마지막 코에서 빨간색 실을 걸어 다음 20개의 코 각각에 짧은뜨기 1코씩 뜹니다.

실 한 타래를 다 써서 새로운 타래의 실로 이어서 뜰 때도 같은 방식으로 바꿔줍니다. 이런 경우 실 색상은 같습니다.

여러 설명에서 색상이 꽤 여러 번 교차합니다. 하나의 색상으로 뜨는 동안 뜨지 않고 옆에 둔 실을 처리하는 두 가지 방법을 알려드릴게요.

- 색상이 자주 교차될 때(두 색상 사이가 1~5코)(1): 색상2 실로 뜨는 동안 색상1 실을 안쪽에 둡니다. 다시 색상1 실로 떠야 할 때는 실을 가져와서 색상2 실의 마지막 코를 떠서 마무리하면 됩니다.

- 색상이 자주 교차되지 않을 때(두 색상 사이가 5코 이상)(2): 실 끝을 약 2cm 남기고 자르고 서로 다른 색상의 실을 도래매듭으로 함께 묶어줍니다.
- 각 단의 색상을 바꿔 줄무늬를 뜰 때는 실을 자르지 않고 안쪽에 그대로 둡니다.

동일한 두 편물 연결하기

대부분의 설명에서 양쪽 다리처럼 동일한 두 개의 편물을 연결하게 됩니다.

원형뜨기를 할 때와 마찬가지로 마지막 단과 그 아랫단 사이에 간격이 생깁니다. 이 간격을 없애기 위해 마지막 코와 연결되는 코, 즉 아랫단의 첫 번째 코에 바늘을 넣습니다(1). 이 코는 이어지는 다음 단의 첫 코가 됩니다(2).

앞 반코에 뜨기

테두리 효과가 필요한 단에는 각각의 앞 반코에만 뜨면 인형 옷에 예쁜 테두리를 두를 수 있습니다.

1. 코에 바늘을 넣습니다(1).

2. 코를 따라 둘러주고 싶은 색상의 실을 걸어 고리로 빼냅니다(2).

3. 설명을 따라 계속 떠줍니다.

실을 잘라 작업 끝내기

편물 하나를 다 떴으면 실을 자르고 마무리해주어야 합니다.

1. 편물의 마지막 코를 뜬 후 실을 자릅니다(1).

2. 남은 실을 바늘 위에 있는 고리로 빼낸 후 강하게 잡아당깁니다(2).

주의

남은 실을 나중에 부분 편물들을 연결하는 데 쓰려면 충분한 길이를 남겨두고 잘라야 합니다(일반적으로 15~20cm).

보이지 않게 사슬 연결하기

실을 자르고 마지막 코에 넣어주면 일종의 사슬뜨기가 한 코 생깁니다. 편물이 좀 더 고르게 표현되고 완벽하게 둥근 형태가 되려면 이 코가 편물의 가장자리로 자연스럽게 사라져야 합니다. 저는 이것을 '보이지 않게 사슬 연결하기'라고 부릅니다.

1. 실의 남은 부분을 돗바늘에 끼웁니다. 한 코를 건너뛰고 그다음 코의 양쪽 반코 아래로 바늘을 넣습니다(1).

2. 실의 남은 부분이 나온 코의 뒤 반코에 바늘을 넣습니다(2).

3. 연결부분이 주위 코와 비슷해지도록 실을 잡아당깁니다(3).

남은 뜨개실 숨기기

속을 채우지 않은 편물

1. 남은 실을 돗바늘에 끼우고 바늘로 편물 안쪽의 코 여러 개를 통과시킵니다(1).
2. 남은 실을 잘라줍니다(2).

속을 채운 편물

1. 남은 실을 돗바늘에 끼우고 실이 아주 짧아질 때까지 바늘로 속을 채운 편물을 여러 번 관통합니다(1, 2).
2. 남은 실을 짧게 잘라줍니다(3).

남은 코 닫기

원형 모티프의 마지막 단을 뜰 때, 가끔 작은 구멍이 생겨서 막아줘야 할 때가 있습니다.

1. 부분 편물의 마지막 코를 뜨고 나면 남은 실을 자르고 돗바늘에 끼워줍니다.

2. 바늘을 마지막 단 각 코들의 앞 반코 바깥쪽에서 안쪽으로 통과시킵니다(1).

3. 실을 살짝 당겨 구멍을 닫고(2), 설명에 따라 안쪽으로 넣거나 그냥 둡니다.

연결하기

각 편물을 다 뜨면 돗바늘로 연결해 하나의 인형을 만들어야 합니다. 저는 백 스티치, 매트리스 스티치, 스트레이트 스티치, 이렇게 세 가지 바느질을 이용해서 연결해요.

- **백 스티치**는 (머리에 주둥이를 연결하는 것처럼) 포개진 두 편물을 연결할 때 씁니다.

1. 아래 편물의 바깥쪽과 위 편물의 안쪽이 마주 보도록 놓습니다. 바늘을 첫 번째 코에 넣고 두 편물을 통과시킨 후 다음 코에서 다시 바늘을 뒤에서 앞으로 넣어 두 편물을 통과시켜 빼냅니다(1).

2. 다음 코에 바늘을 넣고 두 편물을 통과시킵니다(2).

3. 편물 둘레를 따라 1과 2를 반복합니다(3).

- **매트리스 스티치**는 실을 너무 세게 당기지 않는 한 이음매가 거의 보이지 않습니다. 저는 머리와 몸통을 연결할 때처럼 벌어진 두 편물을 연결할 때 매트리스 스티치를 이용해요.

1. 실이 나온 코에 바늘을 넣고 바로 옆 코의 아래로 바늘을 넣어 빼냅니다(1).
2. 맞닿은 편물에서 실이 나온 코에 바늘을 넣고 바로 옆 코의 아래로 바늘을 넣어 빼냅니다(2).
3. 필요한 만큼 1과 2를 반복합니다(3).

- **스트레이트 스티치**는 (몸통에 팔을 연결하는 것처럼) 속을 채운 편물에 평평한 편물을 연결하거나 (머리에 귀를, 몸통에 꼬리를 연결하는 것처럼) 속을 채운 편물에 벌어진 편물을 연결할 때 씁니다.

1. 벌어진 편물의 안쪽에서 바깥쪽으로 바늘을 넣습니다(1).
2. 다른 편물의 해당 코에 바깥쪽에서 안쪽으로 바늘을 통과시킨 후 다음 코에서 빼냅니다(2).
3. 편물 둘레를 따라 1과 2를 반복합니다(3).

참고

- 지시된 모든 면적을 연결할 수 있도록 연결해야 할 편물들 중 적어도 한 편물의 실은 충분히 남겨주세요. 저는 (몸통과 머리처럼) 벌어진 두 편물을 연결할 때는 두 편물 다 실을 남겨놓습니다. 한 편물의 실을 이용해서 연결하세요. 다른 편물의 실은 스티치를 보충하여 연결을 단단히 할 때 씁니다. 남은 실은 안으로 넣어 숨겨주세요.

- 각 편물을 연결하기 전에 먼저 시침핀으로 고정하세요(1). 이렇게 시침핀으로 고정하면(팔, 다리, 귀처럼) 좌우대칭을 이루는 편물의 대칭이 잘 맞는지 확인할 수 있어요.

- 머리를 몸통에 연결할 때는, 목 중간을 한 번 먼저 꿰매어 머리를 똑바로 세워 고정한 후 연결합니다 (2).

- 머리와 몸통의 색상이 다를 경우, 하나의 색상으로 고르게 바느질되도록 몸통의 뒤 반코에 머리의 두 반코를 바느질합니다(혹은 머리의 뒤 반코에 몸통의 두 반코를 바느질합니다)(3).

- 솜으로 채운 편물의 경우 모양이 잘 잡히도록 연결하기 전에 솜을 좀 더 채워줍니다.

- 이 책에서 사용한 모든 재료와 도구, 기법은 '재료와 기법' 파트에 자세하게 설명되어 있습니다.

- 작업하다가 문제가 생기면, 이 파트를 다시 살펴보면서 해결책을 찾아보세요. 제 유튜브 채널 'You tube Khuc Cay'에서 손뜨개 기법과 몇 가지 팁을 설명한 영상을 찾아보셔도 됩니다.

- 이 모든 방법을 확인했는데도 더 자세한 보충 설명이 필요하면, 언제든지 저에게 연락주세요. 기쁜 마음으로 답해드릴게요.

자수 기법

스트레이트 스티치

저는 대부분 스트레이트 스티치로 자수를 놓아요.

1. 스티치가 시작하는 코의 안쪽에서 바깥쪽으로 바늘을 넣어 다시 빼냅니다.

2. 스티치가 끝나는 코의 바깥쪽에서 안쪽으로 바늘을 넣고 다음 스티치가 시작되는 곳에서 바늘을 빼냅니다 (**1**). 바늘이 나온 곳에서 다시 스티치를 시작합니다.

3. 반복하여 수놓습니다(**2, 3**).

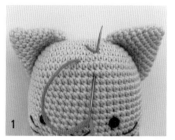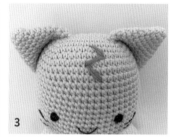

프렌치노트 스티치

프렌치노트 스티치는 눈에 잘 띄고 인형에 입체감을 더합니다.

1. 안쪽에서 바깥쪽으로 바늘을 넣어 빼냅니다(**1**).

2. 바늘에 실을 감습니다(**2**). 실을 많이 감을수록 스티치가 커집니다.

3. 바늘이 나온 곳에서 가까운 코에 바늘을 넣습니다(**3**).

4. 매듭이 꼬이지 않도록 실을 조심스럽게 잡아당깁니다(**4**). 너무 세게 잡아당겨 스티치가 풀리거나 코 사이로 빠지지 않도록 주의합니다.

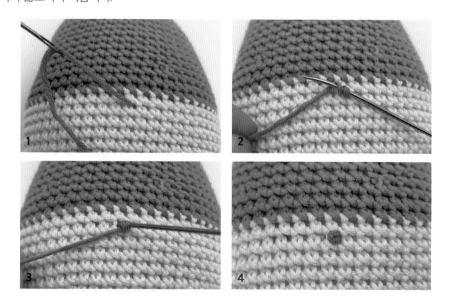

설명을 어떻게 읽을까?

기호와 난이도

기호	
[ ]	각 단의 총 콧수
( )	반복할 뜨개 기법
{ }	한 코 혹은 같은 코에 반복할 뜨개 기법
난이도	
*	초급: 실 색상이 자주 교차되지 않음, 간단한 형태와 마무리, 쉽고 빠른 프로젝트
**	중급: 좀 더 복잡한 실 색상 바꾸기, 좀 더 복잡한 형태, 연결해야 하는 더 많은 부분 편물과 디테일, 좀 더 오래 걸리는 프로젝트
***	상급: 다양한 실 색상 바꾸기, 독특한 형태의 여러 가지 디테일, 장기 프로젝트

설명 읽기

다음은 책의 설명을 이해하는 데 도움이 되는 예시입니다.

예시1

23단: (짧은뜨기 5코, 코줄이기 1회)×6회. [36코]

> 23단을 뜨려면 (이어지는 5코 각각에 짧은뜨기 1코씩 뜨고, 코줄이기를 1회)를 여섯 번 반복한다. 23단을 다 뜨면 짧은뜨기 총 36코가 된다.

예시2

14~16단(3단): 갈색-짧은뜨기 2코 / (베이지-짧은뜨기 1코 / 갈색-짧은뜨기 3코)×11회 / 베이지-짧은뜨기 1코 / 갈색-짧은뜨기 1코. [48코]

> 14단에서 16단까지(즉 세 단을 뜨는 동안) 다음의 지시를 따른다.

베이지색 실과 갈색 실을 번갈아 가며 뜬다(색상을 바꾸는 방법과 한 색상으로 뜨는 동안 다른 색상의 실을 남겨두는 방법은 19쪽 참조). 각 색상의 콧수를 정확히 지켜가며 떠야 한다.

갈색-짧은뜨기 2코

> 이어지는 2코 각각에 짧은뜨기 1코씩 뜨고, 마지막 코에서 베이지색 실을 건다.

(베이지-짧은뜨기 1코 / 갈색-짧은뜨기 3코) ×11회

> 괄호 안의 다음 지시사항을 11회 반복한다.
베이지색 실로 짧은뜨기 1코를 뜨고 갈색 실을 건다. 갈색 실로 이어지는 3코 각각에 짧은뜨기 1코씩 뜨고 마지막 코에서 베이지색 실을 건다.

베이지-짧은뜨기 1코 / 갈색-짧은뜨기 1코

> 베이지색 실로 짧은뜨기 1코를 뜨고 갈색 실을 건다. 갈색 실로 짧은뜨기 1코를 뜨고 베이지색 실을 건다. 한 단을 다 뜨면 다음 단을 위해 갈색 실을 그대로 둔다.

각 단은 짧은뜨기 총 48코가 된다.

예시3

2열(팔이 통과하는 구멍): 사슬뜨기 1코, 짧은뜨기 6코, 사슬뜨기 6코, 8코 건너뛰기(팔이 통과하는 첫 번째 구멍, 37), 짧은뜨기 14코, 사슬뜨기 6코, 8코 건너뛰기(팔이 통과하는 두 번째 구멍), 짧은뜨기 6코, 편물을 뒤집는다. [38코]

> 첫 번째 사슬뜨기는 짧은뜨기 1코로 세지 않는다 (왕복뜨기는 17쪽 참조).

2열(팔이 통과하는 구멍): 사슬뜨기 1코, 짧은뜨기 6코

> 2열은 조끼에 인형의 팔이 통과할 구멍 부분을 만들어주는 열이다. 사슬뜨기 1코를 뜨고 사슬뜨기한 같은 코에 첫 짧은뜨기를 한 다음 이어지는 5코 각각에 짧은뜨기 1코씩 뜬다.

사슬뜨기 6코, 8코 건너뛰기(팔이 통과하는 첫 번째 구멍, 37)

> 사슬뜨기 6코를 뜬 다음, 이어지는 8코를 건너뛰고 (마지막 코에서) 9번째 코에 바늘을 넣는다. 여기까지 뜨면 37번 사진과 비교해 제대로 떴는지 확인한다. 소매의 첫 번째 구멍이 완성되었다.

짧은뜨기 14코, 사슬뜨기 6코, 8코 건너뛰기(팔이 통과하는 두 번째 구멍), 짧은뜨기 6코

> 이어지는 14코 각각에 짧은뜨기 1코씩 뜬다. 사슬뜨기 6코를 뜬 다음, 이어지는 8코를 건너뛰고 (마지막 코에서) 9번째 코에 바늘을 넣는다. 이어지는 6코 각각에 짧은뜨기 1코씩 뜬다.

2열을 다 뜨면 총 38코가 된다. 편물을 뒤집어 방향을 바꿔서 다음 열을 뜬다.

인형 만들기

꿀벌 안 ANNE

안은 정말 열심히 일하는 작은 꿀벌이에요. 매일 아침 해가 뜰 때 일어나서 가방을 꽃가루로 다 채우기 전에는 집에 들어가지 않아요. 하지만 안은 무지갯빛 날개 덕분에 항상 기분이 좋답니다! 정원에 꽃을 심어보세요. 기분 좋은 하루를 보내는 안을 볼 수 있을 거예요.

크기: 18cm

재료
- 기본 키트(10쪽 참조)
- 2.75mm 코바늘
- 8mm 나사눈 2개

실
- 해피코튼(DMC)
  - -788 노랑(2타래)
  - -761 크림(1타래)
  - -775 검정(1타래)
  - -750 진파랑(조금)
  - -751 연파랑(조금)
  - -753 주황(조금)
  - -779 연두색(조금)
  - -780 녹색(조금)
  - -790 빨강(조금)
  - -794 겨자색(조금)
  - -795 보라(조금)
  - -797 파랑(조금)
- 테디(DMC)
  - -313 분홍(조금)
- 검은색 자수실

머리[노랑]

1단: 매직링에 짧은뜨기 8코. [8코]

2단: 코늘리기 8회. [16코]

3단: (짧은뜨기 1코, 코늘리기 1회)×8회. [24코]

4단: (짧은뜨기 2코, 코늘리기 1회)×8회. [32코]

5단: 짧은뜨기 1코, 코늘리기 1회, (짧은뜨기 3코, 코늘리기 1회)×7회, 짧은뜨기 2코. [40코]

6단: (짧은뜨기 4코, 코늘리기 1회)×8회. [48코]

7~10단(4단): 각각의 코에 짧은뜨기 1코. [48코]

11단: (짧은뜨기 7코, 코늘리기 1회)×6회. [54코]

12~15단(4단): 각각의 코에 짧은뜨기 1코. [54코]

16단: (짧은뜨기 8코, 코늘리기 1회)×6회. [60코]

17단: 각각의 코에 짧은뜨기 1코. [60코]

18단: (짧은뜨기 8코, 코줄이기 1회)×6회. [54코]

19단: 짧은뜨기 3코, 코줄이기 1회, (짧은뜨기 7코, 코줄이기 1회)×5회, 짧은뜨기 4코. [48코]

20단: (짧은뜨기 6코, 코줄이기 1회)×6회. [42코]

1

21단: 짧은뜨기 2코, 코줄이기 1회, (짧은뜨기 5코, 코줄이기 1회)×5회, 짧은뜨기 3코. [36코]

22단: (짧은뜨기 4코, 코줄이기 1회)×6회. [30코]

바느질에 필요한 실을 충분히 남기고 자른다.

14단과 15단 사이에 9코 간격으로 두 눈을 달아준다. 충전재로 머리를 채운다.

자수실로 양쪽 눈 위에 눈썹을 수놓고, 16단 두 눈 사이에 입을 수놓는다(1).

2

3

5

다리(노랑, 2개)

1단: 매직링에 짧은뜨기 6코. [6코]
2단: 코늘리기 6회. [12코]
3단: (짧은뜨기 3코, 코늘리기 1회)×3회.
[15코]
4~6단(3단): 각각의 코에 짧은뜨기 1코.
[15코]
첫 번째 다리를 뜬 후에는 실을 자르지만,
두 번째 다리를 뜬 후에는 자르지 않고 두
다리를 연결하고 이어서 몸통을 뜨는 데 사
용한다(2).

몸통[노랑으로 시작]

연결한 두 다리에 이어서 뜬다.
두 번째 다리에서 시작한다. 사슬뜨기 3코
를 뜬 후(3) 짧은뜨기 1코로 첫 번째 다리에
연결한다(19쪽 참조). 이 짧은뜨기 코는 몸
통의 첫 코가 된다(4).
1단: 첫 번째 다리 각각의 코에 짧은뜨기
1코, 사슬뜨기 3코 각각에 짧은뜨기 1코 뜨
고 두 번째 다리 각각의 코에 짧은뜨기 1코,
사슬뜨기 3코 각각의 다른 반코에 짧은뜨
기 1코. [36코]
2단: 짧은뜨기 4코, 코늘리기 1회, (짧은뜨
기 5코, 코늘리기 1회)×5회, 짧은뜨기 1코.
[42코]
3~6단(4단): 각각의 코에 짧은뜨기 1코.
[42코]
6단 끝에서 검은색 실을 걸고 18단까지 검
은색 1단 노란색 2단을 번갈아 가며 뜬다.
몸통과 다리를 충전재로 채우기 시작하고
뜨개질하면서 보충한다.
7~10단(4단): 각각의 코에 짧은뜨기 1코.
[42코]
11단: (짧은뜨기 12코, 코줄이기 1회)×3회.
[39코]
12~13단(2단): 각각의 코에 짧은뜨기 1코.
[39코]
14단: 짧은뜨기 11코, 코줄이기 1회)×3회.
[36코]

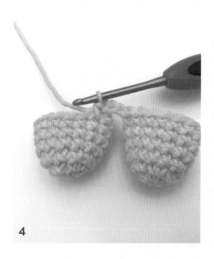

4

15~17단(3단): 각각의 코에 짧은뜨기 1코.
[36코]
18단: (짧은뜨기 4코, 코줄이기 1회)×6회.
[30코]
18단 끝에서 분홍색 테디 실을 걸고 노란색
실과 검은색 실은 자른다.
19단(칼라): 앞 반코에만 뜬다. 사슬뜨기
2코, (한길긴뜨기 4코, 다음 한 코에 한길긴
뜨기 2코)×6회, 빼뜨기로 닫는다. [36코]
실을 자르고 남은 실을 정리한다(5).

팔[노랑, 2개]

1단: 매직링에 짧은뜨기 6코. [6코]

2단: 코늘리기 6회. [12코]

3~11단(9단): 각각의 코에 짧은뜨기 1코. [12코]

팔에 솜을 가볍게 채운다.

팔을 핀으로 납작하게 고정하고 열린 부분을 맞물려 코들을 나란히 맞춘다(6). 마주보는 2코씩 짧은뜨기로 차례로 닫아준다. [6코]

바느질할 실을 충분히 남기고 자른다(7).

날개

작은 날개[크림, 2개]

1단: 매직링에 짧은뜨기 6코. [6코]

2단: 코늘리기 6회. [12코]

3단: (짧은뜨기 1코, 코늘리기 1회)×6회. [18코]

4~6단(3단): 각각의 코에 짧은뜨기 1코. [18코]

7단: (짧은뜨기 4코, 코줄이기 1회)×3회. [15코]

8~9단(2단): 각각의 코에 짧은뜨기 1코. [15코]

10단: (짧은뜨기 3코, 코줄이기 1회)×3회. [12코]

11단: 각각의 코에 짧은뜨기 1코. [12코]

날개를 핀으로 납작하게 고정하고 열린 부분을 맞물려 코들을 나란히 맞춘다. 마주보는 2코씩 짧은뜨기로 차례로 닫아준다. [6코]

바느질할 실을 충분히 남기고 자른다(8).

큰 날개[2개]

큰 날개 하나는 크림색으로 뜨고, 다른 하나는 무지개색으로 뜬다. 무지개색은 빨강, 주황, 겨자색, 연두색, 연파랑, 파랑, 보라를 각각 2단씩 떠주면 된다.

1단: 매직링에 짧은뜨기 6코. [6코]

2단: 코늘리기 6회. [12코]

3단: (짧은뜨기 1코, 코늘리기 1회)×6회. [18코]

4단: (짧은뜨기 2코, 코늘리기 1회)×6회. [24코]

5~7단(3단): 각각의 코에 짧은뜨기 1코. [24코]

8단: (짧은뜨기 2코, 코줄이기 1회)×6회. [18코]

9~11단(3단): 각각의 코에 짧은뜨기 1코. [18코]

12단: (짧은뜨기 1코, 코줄이기 1회)×6회. [12코]

13단: 각각의 코에 짧은뜨기 1코. [12코]

날개를 핀으로 납작하게 고정하고 열린 부분을 맞물려 코들을 나란히 맞춘다. 마주보는 2코씩 짧은뜨기로 차례로 닫아준다. [6코]

바느질할 실을 충분히 남기고 자른다(8).

6

7

8

더듬이 [검정, 2개]

1단: 매직링에 짧은뜨기 6코. [6코]
2단: (코늘리기 1회, 짧은뜨기 2코)×2회. [8코]
3단: 코줄이기 4회. [4코]
4~6단(3단): 앞 반코에만 뜬다. 각각의 코에 짧은뜨기 1코. [4코]
바느질할 실을 충분히 남기고 자른다(9).

나뭇잎 [녹색]

시작코로 사슬뜨기 9코를 뜬다. 바늘에서 두 번째 사슬코에서 시작한다. 이 시작코를 중심으로 원형뜨기한다. 짧은뜨기 1코, 긴뜨기 1코, 한길긴뜨기 3코, 긴뜨기 1코, 짧은뜨기 1코, 마지막 코에 {짧은뜨기 1코, 사슬뜨기 2코, 짧은뜨기 1코}. 맞은편도 이어서 뜬다. 짧은뜨기 1코, 긴뜨기 1코, 한길긴뜨기 3코, 긴뜨기 1코, 짧은뜨기 1코. 빼뜨기 1코로 닫기. 사슬뜨기 2코.
바느질할 실을 충분히 남기고 자른다(9).

가방 [진파랑]

시작코로 사슬뜨기 7코를 뜬다. 바늘에서 두 번째 사슬코에서 시작한다. 이 시작코를 중심으로 원형뜨기한다. 단의 기둥코인 사슬뜨기는 짧은뜨기 콧수로 세지 않는다.
1단: 코늘리기 1회, 짧은뜨기 4코, 마지막 사슬코에 짧은뜨기 3코. 맞은편도 이어서 뜬다. 이어지는 사슬뜨기 5코 각각에 짧은뜨기 1코. 빼뜨기 1코로 닫기. [14코]
2~5단(4단): 사슬뜨기 1코, 짧은뜨기 14코, 빼뜨기 1코로 닫기. [14코]
사슬뜨기 45코로 가방끈을 뜬 후, 실을 자르고 가방끈을 가방 옆에 바느질로 이어준다(10).
보라색 실로 가방에 작은 하트를 수놓는다(11).

연결하기

머리의 5단에 더듬이를 달고, 4단과 6단 사이에 나뭇잎을 단다(12).
뺨에 블러셔를 바른다(13).
몸통의 마지막 단에서 1단 아래에 팔을 연결한다(14, 15).
몸통의 18단 뒤 반코에 머리를 연결하고 머리에 충전재를 꼼꼼히 채운 후 완전히 닫는다.
시침핀으로 날개를 등에 고정하고(큰 날개를 등 위쪽에, 작은 날개를 등 아래쪽에) 바느질하여 연결한다(16). 가방을 걸어준다.

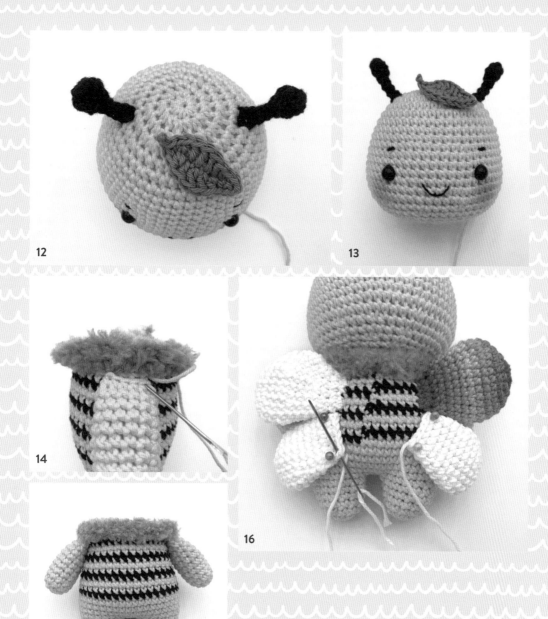

12

13

14

15

16

아프리카여우 펠리페 FELIPE

크기: 23cm

재료
- 기본 키트(10쪽 참조)
- 2.25mm 코바늘
- 7mm 나사눈 2개
- 8×6.5mm 삼각형 나사코

실
- 네추라 저스트코튼(DMC)
  - N03 연베이지(1타래)
  - N11 검정(1타래)
  - N22 갈색(1타래)
  - N35 크림(1타래)
  - N83 노랑(1타래)
  - N07 분홍(조금)
- 울리(DMC)
  - 082 녹색(1타래)
- 테디(DMC)
  - 311 베이지(조금)
- 갈색 자수실

이상은 노란색 펠리페를 만들기 위한 재료와 실 목록이며 베이지색 펠리페를 만들기 위한 대체 재료와 실은 43쪽에 명시되어 있습니다.

아프리카여우 펠리페는 박식하고 저명한 백작이에요. 일 때문에 매일 무척 바쁜 펠리페지만 주말에 마을 도서관에 가면 아이들에게 이야기책을 읽어주는 펠리페를 만날 수 있답니다. 펠리페는 항상 주위의 사람들과 친하게 지내려고 해요.

머리(노랑으로 시작)
1단: 매직링에 짧은뜨기 8코. [8코]
2단: 코늘리기 8회. [16코]
3단: (짧은뜨기 1코, 코늘리기 1회)×8회. [24코]
4단: (짧은뜨기 2코, 코늘리기 1회)×8회. [32코]
5단: 짧은뜨기 1코, 코늘리기 1회, (짧은뜨기 3코, 코늘리기 1회)×7회, 짧은뜨기 2코. [40코]
6단: (짧은뜨기 4코, 코늘리기 1회)×8회. [48코]
7단: 각각의 코에 짧은뜨기 1코. [48코]
8단: (짧은뜨기 7코, 코늘리기 1회)×6회. [54코]
9~12단(4단): 각각의 코에 짧은뜨기 1코. [54코]
13단: 짧은뜨기 20코 / 크림-짧은뜨기 3코 / 노랑-짧은뜨기 8코 / 크림-짧은뜨기 3코 / 노랑-짧은뜨기 20코. [54코]
14단: 짧은뜨기 19코 / 크림-짧은뜨기 5코 / 노랑-짧은뜨기 6코 / 크림-짧은뜨기 5코 / 노랑-짧은뜨기 19코. [54코]
15단: 짧은뜨기 18코 / 크림-짧은뜨기 7코 / 노랑-짧은뜨기 4코 / 크림-짧은뜨기 7코 / 노랑-짧은뜨기 18코. [54코]
16단: 짧은뜨기 17코 / 크림-짧은뜨기 20코 / 노랑-짧은뜨기 17코. [54코]
17단: 짧은뜨기 8코, 코늘리기 1회, 짧은뜨기 7코 / 크림-짧은뜨기 1코, 코늘리기 1회, (짧은뜨기 8코, 코늘리기 1회)×2회, 짧은뜨기 2코 / 노랑-짧은뜨기 6코, 코늘리기 1회, 짧은뜨기 8코, 코늘리기 1회. [60코]
18~20단(3단): 짧은뜨기 17코 / 크림-짧은뜨기 25코 / 노랑-짧은뜨기 18코. [60코]
21단: 짧은뜨기 9코, 코늘리기 1회, 짧은뜨기 7코 / 크림-짧은뜨기 2코, 코늘리기 1회, (짧은뜨기 9코, 코늘리기 1회)×2회, 짧은뜨기 2코 / 노랑-짧은뜨기 7코, 코늘리기 1회, 짧은뜨기 9코, 코늘리기 1회. [66코]
22단: 짧은뜨기 9코, 코줄이기 1회, 짧은뜨기 7코 / 크림-짧은뜨기 2코, 코줄이기 1회, (짧은뜨기 9코, 코줄이기 1회)×2회, 짧은뜨기 2코 / 노랑-짧은뜨기 7코, 코줄이기 1회,

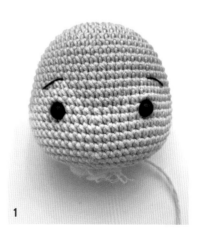

1

짧은뜨기 9코, 코줄이기 1회. [60코]

머리의 16단과 17단 사이에 8코 간격으로 두 눈을 달아준다. 두 눈은 크림색 면에 위치해야 한다.

머리에 충전재를 채우기 시작하고 뜨개질 하면서 보충한다.

23단: (짧은뜨기 4코, 코줄이기 1회)×3회 / 크림-(짧은뜨기 4코, 코줄이기 1회)×4회 / 노랑-(짧은뜨기 4코, 코줄이기 1회)×3회. [50코]

24단: 짧은뜨기 1코, 코줄이기 1회, (짧은뜨기 3코, 코줄이기 1회)×2회, 짧은뜨기 2코 / 크림-짧은뜨기 1코, 코줄이기 1회, (짧은뜨기 3코, 코줄이기 1회)×3회, 짧은뜨기 2코 / 노랑-짧은뜨기 1코, 코줄이기 1회, (짧은뜨기 3코, 코줄이기 1회)×2회, 짧은뜨기 2코. [40코]

25단: (짧은뜨기 2코, 코줄이기 1회)×3회 / 크림-(짧은뜨기 2코, 코줄이기 1회)×4회 / 노랑-(짧은뜨기 2코, 코줄이기 1회)×3회. [30코]

크림색 실을 자르고 노란색 실로 계속 뜬다.

26단: (짧은뜨기 4코, 코줄이기 1회)×5회. [25코]

바느질할 실을 충분히 남기고 자른다.

자수실로 양쪽 눈에서 2단 위에 눈썹을 수놓는다(1).

다리(검정으로 시작, 2개)

첫 번째 다리

1단: 매직링에 짧은뜨기 8코. [8코]

2단: 코늘리기 8회. [16코]

3단: 짧은뜨기 1코, 코늘리기 1회, 짧은뜨기 4코, 코늘리기 4회, 짧은뜨기 4코, 코늘리기 1회, 짧은뜨기 1코. [22코]

4단: 뒤 반코에만 뜬다. 각각의 코에 짧은뜨기 1코. [22코]

5~6단(2단): 각각의 코에 짧은뜨기 1코. [22코]

다리에 충전재를 채우기 시작하고 뜨개질

하면서 보충한다.

7단: 짧은뜨기 7코, 코줄이기 4회, 짧은뜨기 7코. [18코]

8단: 각각의 코에 짧은뜨기 1코. [18코]

9단: 짧은뜨기 5코, 코줄이기 4회, 짧은뜨기 5코. [14코]

10단: 짧은뜨기 4코, 코늘리기 1회, 짧은뜨기 3코, 코늘리기 1회, 짧은뜨기 5코. [16코]

11~14단(4단): 각각의 코에 짧은뜨기 1코. [16코]

15단: 짧은뜨기 4코, 코늘리기 1회, 짧은뜨기 7코, 코늘리기 1회, 짧은뜨기 3코. [18코]

16단: 각각의 코에 짧은뜨기 1코. [18코]

16단 끝에서 연베이지색 실을 걸고 검은색 실은 다리 바깥에 그대로 둔다. 검은색 실은 장화 디테일을 뜨는 데 사용한다(2).

17단: 뒤 반코에만 뜬다. 각각의 코에 짧은뜨기 1코. [18코]

18~21단(4단): 각각의 코에 짧은뜨기 1코. [18코]

22단: 짧은뜨기 5코, 코늘리기 1회, 짧은뜨기 12코. [19코]

23단: 각각의 코에 짧은뜨기 1코. [19코]

24단: 짧은뜨기 16코. [16코]. 24단은 여기에서 멈추고 나머지 3코는 그대로 둔다.

실을 자르고 남은 실을 정리한다.

두 번째 다리

1~23단(23단): 첫 번째 다리를 뜬 것과 같은 방법으로 뜬다.

24단: 각각의 코에 짧은뜨기 1코. [19코]

25단: 짧은뜨기 7코. [7코] 25단은 여기서 멈추고 나머지 12코는 그대로 둔다.

단의 끝에서 실을 자르지 않고 두 다리를 연결하고 이어서 몸통을 뜨는 데 사용한다. 장화 디테일은 옆의 박스를 참고한다.

장화 디테일

다리를 거꾸로 놓고 16단 앞 반코에 뜬다. 단의 마지막 코에 바늘을 넣어 검은색 실을 걸어(3) 단 끝까지 각각의 코에 빼뜨기 1코씩 뜬다. 실을 자르고 남은 실을 정리한다.

몸통〔연베이지로 시작〕

연결한 두 다리에 이어서 뜬다.

두 번째 다리에서 시작한다. 짧은뜨기 1코로 첫 번째 다리에 연결한다(19쪽 참조). 이 짧은뜨기는 몸통의 첫 코가 된다(5).

1단: 짧은뜨기 9코, 코늘리기 1회, 첫 번째 다리에 짧은뜨기 9코, 짧은뜨기 9코, 코늘리기 1회, 두 번째 다리에 짧은뜨기 9코. [40코]

2~3단(2단): 각각의 코에 짧은뜨기 1코. [40코]

4단: (짧은뜨기 9코, 코늘리기 1회)×4회. [44코]

5~6단(2단): 각각의 코에 짧은뜨기 1코. [44코]

6단의 끝에서 녹색 실을 걸고 연베이지색 실을 자른다.

몸통에 충전재를 채우기 시작하고 뜨개질 하면서 보충한다.

7단: 각각의 코에 짧은뜨기 1코. [44코]

8단: 뒤 반코에만 뜬다. 각각의 코에 짧은뜨기 1코. [44코]

9단: 각각의 코에 짧은뜨기 1코. [44코]

10단: (짧은뜨기 9코, 코줄이기 1회)×4회 . [40코]

11~16단(6단): 각각의 코에 짧은뜨기 1코. [40코]

17단: (짧은뜨기 6코, 코줄이기 1회)×5회. [35코]

18~20단(3단): 각각의 코에 짧은뜨기 1코. [35코]

21단: (짧은뜨기 5코, 코줄이기 1회)×5회. [30코]

22~23단(2단): 각각의 코에 짧은뜨기 1코. [30코]

24단: 뒤 반코에만 뜬다. (짧은뜨기 4코, 코줄이기 1회)×5회. [25코]

실을 자르지 않고 각 단을 닫으면서 원형 뜨기로 칼라를 이어서 뜬다. 각 단의 기둥 코인 사슬 2코는 한길긴뜨기 콧수로 세지 않는다.

칼라의 첫 번째 단

1단: 24단 앞 반코에만 뜬다. 사슬뜨기 2코, 편물을 뒤집고(6, 7) 각각의 코에 한길긴뜨기 3코, 빼뜨기 1코로 닫기. [75코]

2단: 사슬뜨기 2코, 각각의 코에 한길긴뜨기 1코, 빼뜨기 1코로 닫기. [75코]

실을 자르고 남은 실을 정리한다.

칼라의 두 번째 단

1단: 몸통을 거꾸로 놓고 23단의 앞 반코에 뜬다. 단의 마지막 코에 바늘을 넣어 녹색 실을 걸고(8) 사슬뜨기 2코, 각각의 코에 한길긴뜨기 3코, 빼뜨기 1코로 닫기. [90코]

2단: 사슬뜨기 2코, 각각의 코에 한길긴뜨기 1코, 빼뜨기 1코로 닫기. [90코]

실을 자르고 남은 실을 정리한다.

셔츠 디테일은 다음의 박스를 참조한다.

셔츠 디테일

몸통 7단의 앞 반코에 뜬다. 몸통의 앞면이 보이게 놓고 몸통의 정면 중앙에 바늘을 넣고 녹색 실을 걸어(9) 사슬뜨기 3코, 이어지는 2코 각각에 한길긴뜨기 1코씩, 긴뜨기 2코, 짧은뜨기 2코, 빼뜨기 30코, 짧은뜨기 2코, 긴뜨기 2코, 한길긴뜨기 2코, 사슬뜨기 3코, 마지막 코에 빼뜨기 1코. 실을 자르고 남은 실을 정리한다(10).

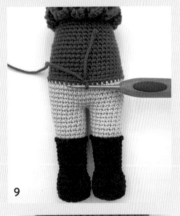

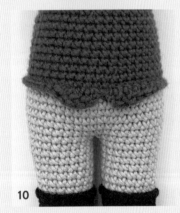

셔츠의 레이스(분홍, 3개)

시작코로 사슬뜨기 6코를 뜬다. 바늘에서 두 번째 사슬코에서 시작하여 왕복뜨기 한다.

1열: 짧은뜨기 5코, 편물을 뒤집는다. [5코]

2열: 사슬뜨기 3코, 사슬코가 시작하는 코에 한길긴뜨기 2코, 다음 한 코에 한길긴뜨기 3코, 다음 한 코에 한길긴뜨기 2코, 다음 한 코에 한길긴뜨기 3코, 마지막 코에 한길긴뜨기 2코, 사슬뜨기 3코, 마지막 코에 빼뜨기 1코. [19코]

바느질할 실을 충분히 남기고 자른다(11)

팔(노랑으로 시작, 2개)

1단: 매직링에 짧은뜨기 6코. [6코]

2단: (코늘리기 1회, 짧은뜨기 1코)×3회. [9코]

3~5단(3단): 각각의 코에 짧은뜨기 1코. [9코]

5단 끝에서 녹색 실을 걸고 노란색 실을 자른다.

6단: 각각의 코에 짧은뜨기 1코. [9코]

7단: 뒤 반코에만 뜬다. (짧은뜨기 2코, 코늘리기 1회)×3회. [12코]

8단: (짧은뜨기 1코, 코늘리기 1회)×6회. [18코]

9~10단(2단): 각각의 코에 짧은뜨기 1코. [18코]

11단: 짧은뜨기 4코, 코줄이기 1회)×3회. [15코]

12~14(3단): 각각의 코에 짧은뜨기 1코. [15코]

15단: (짧은뜨기 3코, 코줄이기 1회)×3회. [12코]

16~20단(5단): 각각의 코에 짧은뜨기 1코. [12코]

팔을 핀으로 납작하게 고정하고 열린 부분을 맞물려 코들을 나란히 맞춘다(12). 마주 보는 2코씩 짧은뜨기로 닫아준다. [6코]

바느질할 실을 충분히 남기고 자른다.

소매 디테일은 다음 페이지의 박스를 참조한다.

귀(갈색으로 시작, 2개)

1단: 매직링에 짧은뜨기. [6코]

2단: 코늘리기 6회. [12코]

3단: 각각의 코에 짧은뜨기 1코. [12코]

4단: (짧은뜨기 3코, 코늘리기 1회)×3회. [15코]

4단 끝에서 노란색 실을 걸고 갈색 실은 자른다.

5단: 각각의 코에 짧은뜨기 1코. [15코]

6단: (짧은뜨기 4코, 코늘리기 1회)×3회. [18코]

7단: (짧은뜨기 5코, 코늘리기 1회)×3회. [21코]

8단: 각각의 코에 짧은뜨기 1코. [21코]

9단: (짧은뜨기 6코, 코늘리기 1회)×3회. [24코]

소매 디테일

팔을 거꾸로 놓고 6단 앞 반코에만 뜬다. 단의 마지막 코에 바늘을 넣어 녹색 실을 걸고(13) (사슬뜨기 3코, 다음 코에 빼뜨기 1코)×9회. [27코]
실을 자르고 남은 실을 정리한다(14).

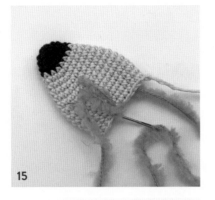

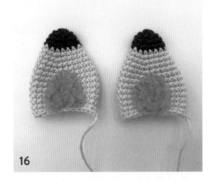

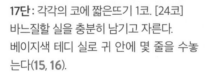

17단: 각각의 코에 짧은뜨기 1코. [24코]
바느질할 실을 충분히 남기고 자른다.
베이지색 테디 실로 귀 안에 몇 줄을 수놓는다(15, 16).

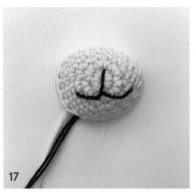

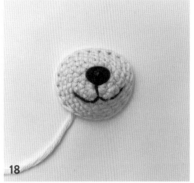

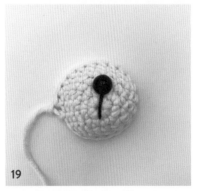

주둥이[크림]

1단: 매직링에 짧은뜨기 6코. [6코]
2단: 코늘리기 6회. [12코]
3단: 짧은뜨기 1코, 코늘리기 1회, (짧은뜨기 3코, 코늘리기 1회)×2회, 짧은뜨기 2코. [15코]
4단: 짧은뜨기 2코, 코늘리기 1회, (짧은뜨기 4코, 코늘리기 1회)×2회, 짧은뜨기 2코. [18코]
5단: 짧은뜨기 3코, 코늘리기 1회, (짧은뜨기 5코, 코늘리기 1회)×2회, 짧은뜨기 2코. [21코]
6단: 각각의 코에 짧은뜨기 1코. [21코]

10단: (짧은뜨기 7코, 코늘리기 1회)×3회. [27코]
11단: 각각의 코에 짧은뜨기 1코. [27코]
12단: (짧은뜨기 8코, 코늘리기 1회)×3회. [30코]
13단: 각각의 단에 짧은뜨기 1코. [30코]
14단: (짧은뜨기 8코, 코줄이기 1회)×3회. [27코]
15단: 각각의 코에 짧은뜨기 1코. [27코]
16단: (짧은뜨기 7코, 코줄이기 1회)×3회. [24코]

바느질할 실을 충분히 남기고 자른다. 보이지 않게 사슬 연결한다(20쪽 참조).
자수실로 주둥이에 입과 코까지 이어지는 선을 수놓고(17) 삼각 나사코를 붙여준다(18).
삼각 나사코 대신 6mm 나사눈을 붙여도 된다(19).

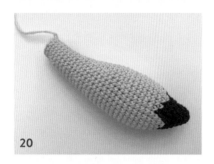

20

21

22

꼬리 [갈색으로 시작]

1단 : 매직링에 짧은뜨기 6코. [6코]

2단 : (코늘리기 1회, 짧은뜨기 1코)×3회. [9코]

3단 : 코늘리기 1회, 짧은뜨기 8코. [10코]

4단 : 코늘리기 1회, 짧은뜨기 9코. [11코]

5단 : 코늘리기 1회, 짧은뜨기 10코. [12코]

6단 : (짧은뜨기 2코, 코늘리기 1회)×4회. [16코]

7단 : 각각의 코에 짧은뜨기 1코. [16코]

8단 : (노랑-코늘리기 1회 / 갈색-짧은뜨기 3코)×4회. [20코]

9단 : (노랑-코늘리기 1회, 짧은뜨기 2코 / 갈색-짧은뜨기 2코 / 노랑-코늘리기 1회, 짧은뜨기 3코 / 갈색-짧은뜨기 1코)×2회. [24코]

10단 : 노랑-짧은뜨기 5코 / 갈색-짧은뜨기 1코 / 노랑-짧은뜨기 11코 / 갈색-짧은뜨기 1코 / 노랑-짧은뜨기 6코. [24코]

갈색 실을 자르고 노란색 실로 계속 뜬다. 꼬리에 충전재를 채우기 시작하고 뜨개질하면서 보충한다.

11단 : 각각의 코에 짧은뜨기 1코. [24코]

12단 : (짧은뜨기 5코, 코늘리기 1회)×4회. [28코]

13~16단(4단) : 각각의 코에 짧은뜨기 1코. [28코]

17단 : (짧은뜨기 12코, 코줄이기 1회)×2회. [26코]

18~21단(4단) : 각각의 코에 짧은뜨기 1코. [26코]

22단 : (짧은뜨기 11코, 코줄이기 1회)×2회. [24코]

23~24단(2단) : 각각의 코에 짧은뜨기 1코. [24코]

25단 : (짧은뜨기 4코, 코줄이기 1회)×4회. [20코]

26~27단(2단) : 각각의 코에 짧은뜨기 1코. [20코]

28단 : (짧은뜨기 3코, 코줄이기 1회)×4회. [16코]

29~32단(4단) : 각각의 코에 짧은뜨기 1코. [16코]

33단 : 코줄이기 1회, 짧은뜨기 14코. [15코]

34단 : 코줄이기 1회, 짧은뜨기 13코. [14코]

35단 : 코줄이기 1회, 짧은뜨기 12코. [13코]

36단 : 코줄이기 1회, 짧은뜨기 11코. [12코]

37단 : 각각의 코에 짧은뜨기 1코. [12코]

바느질할 실을 충분히 남기고 자른다(20).

연결하기

시침핀으로 머리의 3단과 12단 사이에 귀를 고정하고(21) 연결한다.

두 눈 사이, 머리의 15단과 21단 사이에 주둥이를 연결한다. 주둥이를 충전재로 꼼꼼하게 채운 후 완전히 닫는다(22). 칼라 아래에 팔을 연결한다. 배 중간에 레이스를 달아준다(23, 24, 25). 몸통의 6단과 7단 사이, 뒤쪽 중앙에 꼬리를 연결한다(26). 몸통의 24단 앞 반코에 머리를 연결한다. 머리를 충전재로 꼼꼼하게 채운 후 완전히 닫는다.

23

24

25

26

베이지색 펠리페 만들기

다음은 베이지색 펠리페를 만드는 데 필요한 대체 재료와 실입니다.
상상력에 따라 다른 색상을 이용해도 좋아요!

	노란색 버전	베이지색 버전
도구		
코	8×6.5mm 삼각 나사코	6mm 나사눈 혹은 나사코
네추라 저스트코튼(DMC)		
바지	N03 연베이지(1타래)	N09 회색(1타래)
장화	N11 검정(1타래)	
귀 끝	N22 갈색(1타래)	N11 검정(장화 뜨고 남은 실)
꼬리 끝	N22 갈색(귀 끝을 뜨고 남은 실)	N35 크림(얼굴과 주둥이를 뜨고 남은 실)
얼굴과 주둥이	N35 크림(1타래)	
털	N83 노랑(1타래)	N37 베이지(1타래)
셔츠의 레이스	N07 분홍(조금)	N34 빨강(조금)
	울리(DMC)	네추라 저스트코튼(DMC)
셔츠	082 녹색(1타래)	N878 파랑(1타래)
	테디(DMC)	네추라 저스트코튼(DMC)
귀 안쪽	311 베이지(조금)	N35 크림(얼굴과 주둥이를 뜨고 남은 실)
	자수실	
눈썹과 입	갈색	갈색

기린 그리핀 GRIFFIN

오늘은 그리핀 선생님이 미술 수업에서 무엇을 가르쳐주실까, 하고 학생들이 모두 궁금해하고 있어요. 선생님은 매일 새롭고 재미있는 기법을 가르쳐주시거든요. 한 가지 확실한 것은 선생님이 오늘도 조끼를 입을 거라는 거예요!

난이도
**

크기: 27cm

재료
- 기본 키트(10쪽 참조)
- 2.25mm 코바늘
- 7mm 나사눈 2개

실
- 네추라 저스트코튼(DMC)
  N14 진녹색(1타래)
  N16 노랑(1타래)
  N20 민트(1타래)
  N34 빨강(1타래)
  N82 분홍(1타래)
  N87 하늘색(1타래)
  N105 주황(1타래)
  N22 갈색(조금)
  N35 크림(조금)

머리[노랑으로 시작]
1단: 매직링에 짧은뜨기 8코. [8코]
2단: 코늘리기 8회. [16코]
3단: (짧은뜨기 1코, 코늘리기 1회)×8회. [24코]
4단: (짧은뜨기 2코, 코늘리기 1회)×8회. [32코]
5단: 짧은뜨기 1코, 코늘리기 1회, (짧은뜨기 3코, 코늘리기 1회)×7회, 짧은뜨기 2코. [40코]
6단: (짧은뜨기 4코, 코늘리기 1회)×8회. [48코]
7단: 짧은뜨기 20코 / 주황-짧은뜨기 2코 / 노랑-짧은뜨기 4코 / 주황-짧은뜨기 2코 / 노랑-짧은뜨기 20코. [48코]
8단: 짧은뜨기 19코 / 주황-짧은뜨기 3코 / 노랑-짧은뜨기 4코 / 주황-짧은뜨기 3코 / 노랑-짧은뜨기 19코. [48코]
9단: 짧은뜨기 20코 / 주황-짧은뜨기 2코 / 노랑-짧은뜨기 4코 / 주황-짧은뜨기 2코 / 노랑-짧은뜨기 20코. [48코]
10단: (짧은뜨기 7코, 코늘리기 1회)×6회. [54코]
11단: 짧은뜨기 26코, / 주황-짧은뜨기 2코 / 노랑-짧은뜨기 26코. [54코]
12단: 짧은뜨기 25코 / 주황-짧은뜨기 4코 / 노랑-짧은뜨기 25코. [54코]
13단: 짧은뜨기 26코 / 주황-짧은뜨기 2코 / 노랑-짧은뜨기 26코. [54코]
주황색 실을 자르고 노란색 실로 계속 뜬다.

14~16단(3단): 각각의 코에 짧은뜨기 1코. [54코]
17단: (짧은뜨기 8코, 코늘리기 1회)×6회. [60코]
18~20단(3단): 각각의 코에 짧은뜨기 1코. [60코]
21단: (짧은뜨기 9코, 코늘리기 1회)×6회. [66코]
22~23단(2단): 각각의 코에 짧은뜨기 1코. [66코]
24단: (짧은뜨기 9코, 코줄이기 1회)×6회. [60코]
25단: 짧은뜨기 4코, 코줄이기 1회, (짧은뜨기 8코, 코줄이기 1회)×5회, 짧은뜨기 4코. [54코]
26단: (짧은뜨기 7코, 코줄이기 1회)×6회. [48코]
27단: 짧은뜨기 3코, 코줄이기 1회, (짧은뜨기 6코, 코줄이기 1회)×5회, 짧은뜨기 3코. [42코]
17단과 18단 사이에 9코 간격으로 두 눈을 단다. 여기에서는 두 눈을 주황색 얼룩 아래 배치했지만 원하는 곳에 달아도 된다. 머리에 충전재를 채우기 시작하고 뜨개질하면서 보충한다.
28단: (짧은뜨기 5코, 코줄이기 1회)×6회. [36코]
29단: 짧은뜨기 2코, 코줄이기 1회, (짧은뜨기 4코, 코줄이기 1회)×5회, 짧은뜨기 2코. [30코]
바느질할 실을 충분히 남기고 자른다.

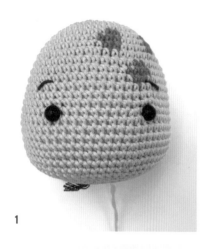

1

갈색 자수실로 양쪽 눈에서 2단 위에 눈썹을 수놓는다(1).

주둥이[크림]

1단: 매직링에 짧은뜨기 6코. [6코]
2단: 코늘리기 6회. [12코]
3단: (짧은뜨기 1코, 코늘리기 1회)×6회. [18코]
4단: 짧은뜨기 3코, 코늘리기 1회, (짧은뜨기 5코, 코늘리기 1회)×2회, 짧은뜨기 2코. [21코]
5~6단(2단): 각각의 코에 짧은뜨기 1코. [21코]
바느질할 실을 충분히 남기고 자른다.
보이지 않게 사슬 연결한다(20쪽 참조).
자수실로 주둥이의 3단에 2개의 선을 수놓는다(2).

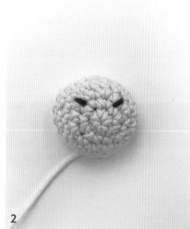

2

귀

첫 번째 귀[주황으로 시작]

1단: 매직링에 짧은뜨기 6코. [6코]
2단: (코늘리기 1회, 짧은뜨기 1코)×3회. [9코]
3단: (짧은뜨기 2코, 코늘리기 1회)×3회. [12코]
4단: 짧은뜨기 1코, 코늘리기 1회, (짧은뜨기 3코, 코늘리기 1회)×2회, 짧은뜨기 2코. [15코]
4단 끝에서 노란색 실을 걸고 주황색 실은 자른다.
5단: (짧은뜨기 4코, 코늘리기 1회)×3회. [18코]
6단: 각각의 코에 짧은뜨기 1코. [18코]
7단: (짧은뜨기 5코, 코늘리기 1회)×3회. [21코]
8단: 짧은뜨기 3코, 코늘리기 1회, (짧은뜨기 6코, 코늘리기 1회)×2회, 짧은뜨기 3코. [24코]
9단: (짧은뜨기 6코, 코줄이기 1회)×3회. [21코]

3

10단: (짧은뜨기 5코, 코줄이기 1회)×3회. [18코]
11단: 각각의 코에 짧은뜨기 1코. [18코]
12단: (짧은뜨기 1코, 코줄이기 1회)×6회. [12코]
바느질할 실을 충분히 남기고 자른다(3).

두 번째 귀

첫 번째 귀를 뜨는 방법과 동일하게 뜨되, 전체를 노란색으로 뜬다.

뿔[갈색으로 시작, 2개]

1단: 매직링에 짧은뜨기 8코. [8코]
2단: (코늘리기 1회, 짧은뜨기 3코)×2회. [10코]
3단: 각각의 코에 짧은뜨기 1코. [10코]
3단 끝에서 노란색 실을 걸고 갈색 실은 자른다.
4단: (코줄이기 1회, 짧은뜨기 3코)×2회. [8코]
5단: 각각의 코에 짧은뜨기 1코. [8코]
6단: (코늘리기 1회, 짧은뜨기 3코)×2회. [10코]
7단: 각각의 코에 짧은뜨기 1코. [10코]
8단: (코늘리기 1회, 짧은뜨기 4코)×2회. [12코]
9~10단(2단): 각각의 코에 짧은뜨기 1코. [12코]
바느질할 실을 충분히 남기고 자른다.
뿔을 충전재로 채운다(3).

머리 연결하기

시침핀으로 머리의 3단에서 6단 사이에 뿔을, 9단과 11단 사이에 귀를 고정하고(4, 5) 연결한다.

두 눈 사이 머리의 17단과 22단에 주둥이를 연결하고 주둥이에 충전재를 꼼꼼히 채운 후 완전히 닫는다.

뺨에 블러셔를 바른다(6).

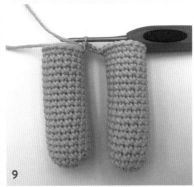

다리[노랑, 2개]

1단: 매직링에 짧은뜨기 8코. [8코]

2단: 코늘리기 8회. [16코]

뜨개질하면서 다리를 충전재로 채운다.

3단~20단(18단): 각각의 코에 짧은뜨기 1코. [16코]

첫 번째 다리를 뜬 후 노란색 실을 자른다. 두 번째 다리를 뜬 후에는 분홍색 실을 건다. 분홍색 실은 두 다리를 연결하고 이어서 몸통을 뜨는 데 사용한다(7).

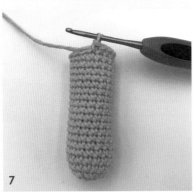

몸통[분홍으로 시작]

연결한 두 다리에 이어서 뜬다.

두 번째 다리에서 시작한다. 사슬뜨기 3코를 뜬 후(8) 짧은뜨기 1코로 첫 번째 다리에 연결한다(19쪽 참조). 이 짧은뜨기 코는 몸통의 첫 코가 된다(9).

1단: 첫 번째 다리 각각의 코에 짧은뜨기 1코, 사슬뜨기 3코 각각에 짧은뜨기 1코, 두 번째 다리 각각의 코에 짧은뜨기 1코, 사슬뜨기 3코 각각의 다른 반코에 짧은뜨기 1코. [38코]

2단: 짧은뜨기 16코, 코늘리기 1회, 짧은뜨기 1코, 코늘리기 1회, 짧은뜨기 16코, 코늘리기 1회, 짧은뜨기 1코, 코늘리기 1회. [42코]

3~12단(10단): 각각의 코에 짧은뜨기 1코. [42코]

몸통을 충전재로 채우기 시작하고 뜨개질하면서 보충한다.

13단: (짧은뜨기 12코, 코줄이기 1회)×3회. [39코]

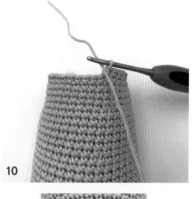

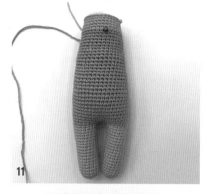

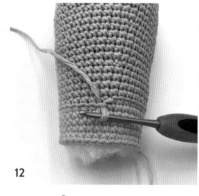

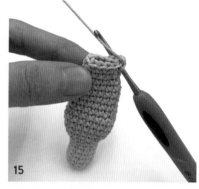

14~18단(5단) : 각각의 코에 짧은뜨기 1코. [39코]

19단 : (짧은뜨기 11코, 코줄이기 1회)×3회. [36코]

20~24단(5단) : 각각의 코에 짧은뜨기 1코. [36코]

25단 : (짧은뜨기 10코, 코줄이기 1회)×3회. [33코]

26~30단(5단) : 각각의 코에 짧은뜨기 1코. [33코]

30단 끝에서 노란색 실을 걸고 분홍색 실은 몸통 바깥에 그대로 둔다. 분홍색 실은 칼라를 뜨는 데 사용한다(10).

31단 : 뒤 반코에만 뜬다. 각각의 코에 짧은뜨기 1코. [33코]

32단 : (짧은뜨기 9코, 코줄이기 1회)×3회. [30코]

33~35단(3단) : 각각의 코에 짧은뜨기 1코. [30코]

36단 : 짧은뜨기 10코. [10코] 36단은 여기에서 멈추고 나머지 20코는 그대로 둔다. 바느질할 실을 충분히 남기고 자른다.

칼라[분홍]

몸통의 30단 앞 반코에만 뜬다.

몸통의 앞면이 보이게 놓고 시침핀으로 몸통의 정면 중앙을 표시한다(11). 몸통을 거꾸로 놓고 단의 마지막 코에 바늘을 넣어 분홍색 실을 걸고(12) 사슬뜨기 3코, 시침핀으로 표시한 곳까지 각각의 코에 한길긴 뜨기 1코(13), 사슬뜨기 3코, 빼뜨기 1코 (14), 사슬뜨기 3코, 단 끝까지 각각의 코에 한길긴뜨기 1코. 빼뜨기 1코로 닫기.

실을 자르고 남은 실을 정리한다.

팔[노랑으로 시작, 2개]

1단 : 매직링에 짧은뜨기 6코. [6코]

2단 : 코늘리기 6회. [12코]

3~7단(5단) : 각각의 코에 짧은뜨기 1코. [12코]

7단 끝에서 분홍색 실을 걸고 노란색 실은 자른다.

8단 : 각각의 코에 짧은뜨기 1코. [12코]

9단 : 뒤 반코에만 뜬다. (짧은뜨기 1코, 코늘리기 1회)×6회. [18코]

10~13단(4단) : 각각의 코에 짧은뜨기 1코. [18코]

14단 : (짧은뜨기 4코, 코줄이기 1회)×3회. [15코]

15~18단(4단) : 각각의 코에 짧은뜨기 1코. [15코]

19단 : (짧은뜨기 3코, 코줄이기 1회)×3회. [12코]

20~22단(3단) : 각각의 코에 짧은뜨기 1코. [12코]

소매 디테일

팔을 거꾸로 놓고 8단의 앞 반코에만 뜬다. 단의 마지막 코에 바늘을 넣어 분홍색 실을 걸고(16) 사슬뜨기 1코, 각각의 코에 짧은뜨기 1코, 빼뜨기 1코로 닫기. [12코] 실을 자르고 남은 실을 정리한다(17).

팔을 핀으로 납작하게 고정하고 열린 부분을 맞물려 코들을 나란히 맞춘다(15). 마주 보는 2코씩 짧은뜨기로 차례로 닫아준다. [6코]
바느질할 실을 충분히 남기고 자른다.
소매 디테일은 옆의 박스를 참조한다.

꼬리[노랑]

1단 : 매직링에 짧은뜨기 6코. [6코]
2단 : 코늘리기 1회, 짧은뜨기 5코. [7코]
3단 : 각각의 코에 짧은뜨기 1코. [7코]
4단 : 코늘리기 1회, 짧은뜨기 6코. [8코]
5~9단(5단) : 각각의 코에 짧은뜨기 1코. [8코]
10단 : 코늘리기 1회, 짧은뜨기 7코. [9코]
11~18단(8단) : 각각의 코에 짧은뜨기 1코. [9코]
바느질할 실을 충분히 남기고 자른다.
꼬리 끝에 붙일 주황색 실을 몇 가닥 잘라 꼬리의 첫 번째 단에 고정한다(18, 19, 20, 21).

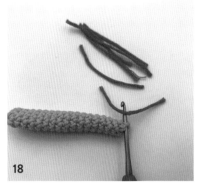

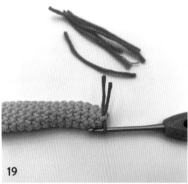

연결하기

칼라에서 1단 아래에 팔을 연결한다(22). 갈색 실로 몸통에 작은 선을 수놓는다(23). 몸통의 10단과 11단 사이, 뒤쪽 중앙에 꼬리를 연결한다(24). 머리의 마지막 단 뒤 반코에 바늘을 통과시키면서 머리를 몸통에 연결한다. 머리에 충전재를 꼼꼼히 채운 후 완전히 닫는다.

옷

바지
바지의 다리 부분(민트색으로 시작, 2개)

시작코로 사슬뜨기 24코를 뜨고 빼뜨기 1코로 닫는다(25). 각 단을 닫으면서 뜨고, 각 단의 첫 사슬뜨기는 콧수로 세지 않는다.
1단: 사슬뜨기 1코, 각각의 코에 짧은뜨기 1코, 빼뜨기 1코로 닫기. [24코]
2~3단(2단): 사슬뜨기 1코, (민트-짧은뜨기 2코 / 하늘색-짧은뜨기 2코)×6회, 빼뜨기 1코로 닫기. [24코]
4~5단(2단): 사슬뜨기 1코, (진녹색-짧은뜨기 2코 / 민트-짧은뜨기 2코)×6회, 빼뜨기 1코로 닫기. [24코]

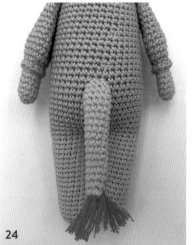

첫 번째 다리의 시작 사슬코에 바늘을 넣어 진녹색 실을 걸고(26) 각각의 코에 빼뜨기 1코씩. 실을 자르고 남은 실을 정리한다(27). 두 번째 다리에도 똑같이 반복한다(28).

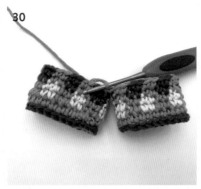

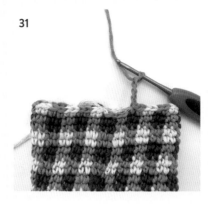

첫 번째 다리를 뜬 후에는 실을 자르지만, 두 번째 다리를 뜬 후에는 자르지 않고 두 다리를 연결하고 이어서 몸통을 뜨는 데 사용한다.

바지 디테일은 앞 페이지의 박스를 참조한다.

바지의 밑위 부분(민트색으로 시작)

두 번째 다리에서 시작한다(29). 빼뜨기 1코로 첫 번째 다리에 연결한다. 이 빼뜨기는 바지의 몸통 부분의 첫 코가 된다(30). 각 단을 닫으면서 뜨고, 각 단의 첫 사슬뜨기는 콧수로 세지 않는다.

1단: 사슬뜨기 1코, 첫 번째 다리에 (민트-짧은뜨기 2코 / 하늘색-짧은뜨기 2코)×6회, 두 번째 다리에 (민트-짧은뜨기 2코 / 하늘색-짧은뜨기 2코)×6회, 빼뜨기 1코로 닫기. [48코]

2단: 사슬뜨기 1코, (민트-짧은뜨기 2코 / 하늘색-짧은뜨기 2코)×12회, 빼뜨기 1코로 닫기. [48코]

3~4단(2단): 사슬뜨기 1코, (진녹색-짧은뜨기 2코 / 민트-짧은뜨기 2코)×12회, 빼뜨기 1코로 닫기. [48코]

5~6단(2단): 사슬뜨기 1코, (민트-짧은뜨기 2코 / 하늘색-짧은뜨기 2코)×12회, 빼뜨기 1코로 닫기. [48코]

7~8단(2단): 사슬뜨기 1코, (진녹색-짧은뜨기 2코 / 민트-짧은뜨기 2코)×12회, 빼뜨기 1코로 닫기. [48코]

9단: 민트-빼뜨기 2코, (하늘색-짧은뜨기 2코 / 민트-짧은뜨기 2코)×11회. [46코]

9단은 여기서 멈추고 나머지 2코는 그대로 둔다.

10단(꼬리가 통과하는 구멍): 사슬뜨기 4코(31), 4코 건너뛰어 구멍을 남기고(32), (하늘색-짧은뜨기 2코 / 민트-짧은뜨기 2코)×11회. [48코]

10단 끝에서 민트색 실로 계속 뜨고 하늘색 실은 자른다.

11단: 구멍을 만든 사슬뜨기 4코 각각에 짧은뜨기 1코(33), 바지에 이어서(34) 짧은뜨기 2코, 코줄이기 1회, (짧은뜨기 6코, 코줄이기 1회)×5회. [42코]

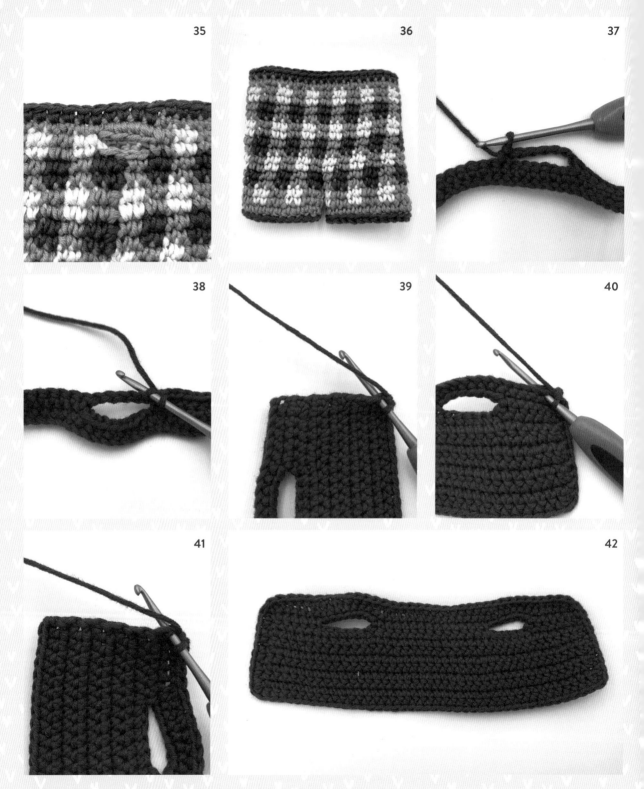

11단 끝에서 진녹색 실을 걸고 민트색 실은 자른다.

12단: 각각의 코에 짧은뜨기 1코. [42코]
실을 자르고 보이지 않게 사슬 연결한 다음(20쪽 참조) 남은 실을 정리한다(35, 36).

조끼(빨강)

시작코로 사슬뜨기 43코를 뜬다. 바늘에서 두 번째 사슬코에서 시작해 왕복뜨기한다. 각 단의 첫 번째 사슬코는 콧수로 세지 않는다.

1열: 짧은뜨기 42코, 편물을 뒤집는다. [42코]

2열(팔이 통과하는 구멍): 사슬뜨기 1코, 짧은뜨기 6코, 사슬뜨기 6코, 8코 건너뛰기(*팔이 통과하는 첫 번째 구멍*)(37), 짧은뜨기 14코, 사슬뜨기 6코, 8코 건너뛰기(*팔이 통과하는 두 번째 구멍*), 짧은뜨기 6코, 편물을 뒤집는다. [38코]

3열: 사슬뜨기 1코, 짧은뜨기 6코, 사슬뜨기 6코 각각에 짧은뜨기 1코(38), 짧은뜨기 14코, 사슬뜨기 6코 각각에 짧은뜨기 1코, 짧은뜨기 6코, 편물을 뒤집는다. [38코]

4열: 사슬뜨기 1코, 짧은뜨기 38코, 편물을 뒤집는다. [38코]

5열: 사슬뜨기 1코, 짧은뜨기 4코, 코늘리기 1회, (짧은뜨기 9코, 코늘리기 1회)×3회, 짧은뜨기 3코. [42코]

6~11열(6열): 사슬뜨기 1코, 짧은뜨기 42코, 편물을 뒤집어가며 뜬다. [42코]
단, 11열 끝에서는 편물을 뒤집지 않고 조끼의 옆면에 이어서 뜬다(39). 각각의 코에 짧은뜨기 1코. [11코]. 조끼의 시작코에 이어서(40) 짧은뜨기 2코, 코줄이기 1회, (짧은뜨기 5코, 코줄이기 1회)×5회, 짧은뜨기 3코. [36코]. 조끼의 다른 옆면에 이어서(41) 각각의 코에 짧은뜨기 1코. [11코].
실을 자르고 보이지 않게 사슬 연결한 다음(20쪽 참조) 남은 실을 정리한다(42).
조끼를 다른 색으로도 뜰 수 있다(43). 조끼를 네추라 저스트코튼(DMC)으로 뜨면 61쪽의 작은 악어 케이코에게 입힐 수도 있다.

43

버섯 헤이나 HEINA

작은 버섯 헤이나는 숲에서 가장 다정하고 매력적인 친구예요. 강가에서 새들의 노랫소리를 들으며 시간 보내는 것을 정말 좋아하지요. 헤이나는 모두에게 긍정적인 에너지를 발산한답니다.

난이도
*

크기: 15cm

재료
• 기본 키트(10쪽 참조)
• 2.25mm 코바늘
• 5mm 나사눈 2개

실
• 네추라 저스트코튼(DMC)
 -N01 흰색(1타래)
 -N35 크림(1타래)
 -N81 베이지(1타래)
 -N555 빨강(1타래)
 -N41 갈색(조금)
 -꽃을 수놓을 실 조금: N100 파랑, N12 연녹색, N989 올리브, N14 진녹색, N13 라임, N76 형광연두, N16 노랑, N83 연노랑, N105 주황, N82 분홍
• 갈색 자수실

이상은 작은 헤이나(15cm)를 만들기 위한 재료와 실 목록이며 큰 헤이나(18cm)를 만들기 위한 대체 재료와 실은 59쪽에 명시되어 있습니다.

머리와 몸통 [베이지색으로 시작]

머리

1단: 매직링에 짧은뜨기 8코. [8코]

2단: 코늘리기 8회. [16코]

3단: (짧은뜨기 1코, 코늘리기 1회)×8회. [24코]

4단: (짧은뜨기 2코, 코늘리기 1회)×8회. [32코]

5단: 짧은뜨기 1코, 코늘리기 1회, (짧은뜨기 3코, 코늘리기 1회)×7회, 짧은뜨기 2코. [40코]

6단: (짧은뜨기 4코, 코늘리기 1회)×8회. [48코]

7~10단(4단): 각각의 코에 짧은뜨기 1코. [48코]

11단: (짧은뜨기 7코, 코늘리기 1회)×6회. [54코]

12~15단(4단): 각각의 코에 짧은뜨기 1코. [54코]

16단: (짧은뜨기 8코, 코늘리기 1회)×6회. [60코]

17~18단(2단): 각각의 코에 짧은뜨기 1코. [60코]

19단: (짧은뜨기 8코, 코줄이기 1회)×6회. [54코]

20단: 짧은뜨기 3코, 코줄이기 1회, (짧은뜨기 7코, 코줄이기 1회)×5회, 짧은뜨기 4코. [48코]

21단: (짧은뜨기 6코, 코줄이기 1회)×6회. [42코]

22단: 짧은뜨기 2코, 코줄이기 1회, (짧은뜨기 5코, 코줄이기 1회)×5회, 짧은뜨기 3코. [36코]

머리의 13단과 14단 사이에 5코 간격으로 두 눈을 단다.

머리를 충전재로 채우기 시작하고, 몸통 끝까지 뜨개질하면서 보충한다.

23단: (짧은뜨기 4코, 코줄이기 1회)×6회. [30코]

24단: 짧은뜨기 1코, 코줄이기 1회, (짧은뜨기 3코, 코줄이기 1회)×5회, 짧은뜨기 2코. [24코]

24단 끝에서 크림색 실을 걸고 베이지색 실은 자른다.

25단: 뒤 반코에만 뜬다. 각각의 코에 짧은뜨기 1코. [24코]

26단: (짧은뜨기 3코, 코늘리기 1회)×6회. [30코]

크림색 실은 그대로 둔다. 크림색 실은 칼라를 만든 후 몸통을 이어서 뜨는 데 사용한다. 몸통을 뜨기 전에 다음 페이지의 박스를 참조하여 칼라를 뜬다.

칼라

24단의 앞 반코에 뜬다. 단의 마지막 코에 바늘을 넣어 흰색 실을 건다(1).
1단: 사슬뜨기 2코, 각각의 코에 긴뜨기 2코, 빼뜨기 1코로 닫기. [48코]
2단: (사슬뜨기 3코, 다음 코에 빼뜨기 1코)×48회. [144코]
실을 자르고 남은 실을 정리한다(2).

몸통

크림색 실로 계속 뜬다.
27~28단(2단): 각각의 코에 짧은뜨기 1코. [30코]
29단: (짧은뜨기 4코, 코늘리기 1회)×6회. [36코]
30~32단(3단): 각각의 코에 짧은뜨기 1코. [36코]
33단: (짧은뜨기 5코, 코늘리기 1회)×6회. [42코]
34단: 각각의 코에 짧은뜨기 1코. [42코]
35단: (짧은뜨기 6코, 코늘리기 1회)×6회. [48코]
36~37단(2단): 각각의 코에 짧은뜨기 1코. [48코]
38단: (짧은뜨기 7코, 코늘리기 1회)×6회. [54코]
39~40단(2단): 각각의 코에 짧은뜨기 1코. [54코]
41단: (짧은뜨기 8코, 코늘리기 1회)×6회. [60코]
42~43단(2단): 각각의 코에 짧은뜨기 1코. [60코]
44단: (짧은뜨기 8코, 코줄이기 1회)×6회. [54코]
45단: 각각의 코에 짧은뜨기 1코. [54코]
46단: 뒤 반코에만 뜬다. (짧은뜨기 4코, 코줄이기 1회)×9회. [45코]
47단: 짧은뜨기 1코, 코줄이기 1회, (짧은뜨기 3코, 코줄이기 1회)×8회, 짧은뜨기 2코. [36코]
48단: (짧은뜨기 2코, 코줄이기 1회)×9회. [27코]
49단: (짧은뜨기 1코, 코줄이기 1회)×9회. [18코]
50단: 코줄이기 9회. [9코]
51단: 코줄이기 1회. [1코]
51단은 여기에서 멈추고 나머지 7코는 그대로 둔다.
몸통을 충전재로 마저 채운다.
남은 코를 닫는다(**3**).

팔[베이지, 2개]

1단: 매직링에 짧은뜨기 6코. [6코]

2단: 코늘리기 6회. [12코]

3~8단(6단): 각각의 코에 짧은뜨기 1코. [12코]

팔을 핀으로 납작하게 고정하고 열린 부분을 맞물려 코들을 나란히 맞춘다(**4**).

마주 보는 2코씩 짧은뜨기로 차례로 닫아 준다. [6코]

바느질할 실을 충분히 남기고 자른다(**5**).

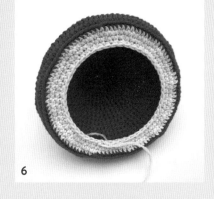

6

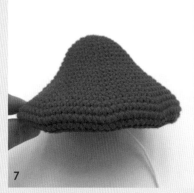

7

모자[빨강으로 시작]

1단: 매직링에 짧은뜨기 8코. [8코]

2단: 코늘리기 8회. [16코]

3단: (짧은뜨기 1코, 코늘리기 1회)×8회. [24코]

4단: 각각의 코에 짧은뜨기 1코. [24코]

5단: (짧은뜨기 2코, 코늘리기 1회)×8회. [32코]

6단: 각각의 코에 짧은뜨기 1코. [32코]

7단: (짧은뜨기 7코, 코늘리기 1회)×4회. [36코]

8단: (짧은뜨기 8코, 코늘리기 1회)×4회. [40코]

9단: 각각의 코에 짧은뜨기 1코. [40코]

10단: (짧은뜨기 9코, 코늘리기 1회)×4회. [44코]

11단: 짧은뜨기 5코, 코늘리기 1회, (짧은뜨기 10코, 코늘리기 1회)×3회, 짧은뜨기 5코. [48코]

12단: (짧은뜨기 7코, 코늘리기 1회)×6회. [54코]

13단: 짧은뜨기 4코, 코늘리기 1회, (짧은뜨기 8코, 코늘리기 1회)×5회, 짧은뜨기 4코. [60코]

14단: (짧은뜨기 5코, 코늘리기 1회)×10회. [70코]

15단: 각각의 코에 짧은뜨기 1코. [70코]

16단: (짧은뜨기 6코, 코늘리기 1회)×10회. [80코]

17단: 각각의 코에 짧은뜨기 1코. [80코]

18단: (짧은뜨기 7코, 코늘리기 1회)×10회. [90코]

19단: 각각의 코에 짧은뜨기 1코. [90코]

20단: (짧은뜨기 8코, 코늘리기 1회)×10회. [100코]

21~22단(2단): 각각의 코에 짧은뜨기 1코. [100코]

22단 끝에서 크림색 실을 걸고 빨간색 실은 자른다.

23단: 뒤 반코에만 뜬다. 각각의 코에 짧은뜨기 1코. [100코]

24단: (짧은뜨기 3코, 코줄이기 1회)×20회. [80코]

25단: 짧은뜨기 1코, 코줄이기 1회, (짧은뜨기 2코, 코줄이기 1회)×19회, 짧은뜨기 1코. [60코]

26단: (짧은뜨기 3코, 코줄이기 1회)×12회. [48코]

바느질할 실을 충분히 남기고 자른다(**6**, **7**).

모자 위의 반점[흰색]

작은 반점[3개]

매직링에 짧은뜨기 5코, 빼뜨기 1코로 닫기. [5코]

바느질할 실을 충분히 남기고 자른다.

8

중간 크기 반점[3개]

매직링에 짧은뜨기 6코, 빼뜨기 1코로 닫기. [6코]

바느질할 실을 충분히 남기고 자른다.

큰 반점[3개]

매직링에 짧은뜨기 7코, 빼뜨기 1코로 닫기. [7코]

바느질할 실을 충분히 남기고 자른다.

꽃[원하는 색상]

작은 꽃[5개]

매직링에 짧은뜨기 6코, 빼뜨기 1코로 닫기. [6코]

바느질할 실을 충분히 남기고 자른다(**8**).

큰 꽃(5개)

각 단 마지막의 빼뜨기는 콧수로 세지 않는다.

1단: 매직링에 짧은뜨기 5코, 빼뜨기 1코로 닫기. [5코]

2단: 다른 색상의 실을 걸어 (사슬뜨기 2코, 다음 코에 빼뜨기 1코)×5회. [10코]

바느질할 실을 충분히 남기고 자른다(**8**).

연결하기

모자에 반점을 달아준다(**9**).

갈색 실로 머리의 4단과 5단 사이에 머리카락을 수놓는다(**10, 11**).

검정 자수실로 양쪽 눈에서 1단 위에 눈썹을, 15단 두 눈 사이에 입을 수놓는다.

뺨에 블러셔를 바른다(**12**).

몸통에 꽃을 단다(**13**).

스트레이트 스티치와 프렌치노트 스티치(24쪽 참조)로 가지와 꽃, 작은 점들을 수놓는다(**14**).

칼라에서 1단 아래 몸통에 팔을 연결한다(**15**).

머리에 모자를 연결한다(**16**).

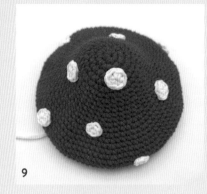

9

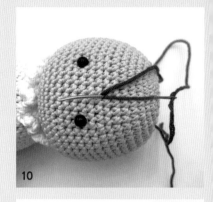

10

11

12

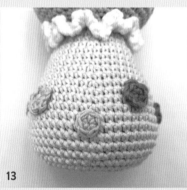

13

14

15

16

큰 헤이나 만들기

다음은 큰 헤이나를 만드는 데 필요한 대체 재료와 실입니다.
상상력에 따라 다른 색상을 이용해도 좋아요!

	작은 헤이나(15cm)	큰 헤이나(18cm)
재료		
코바늘	2.25mm	2.75mm
나사눈	5mm	6mm
	네추라 저스트코튼(DMC)	해피코튼(DMC)
칼라와 반점	N01 흰색(1타래)	761 흰색(1타래)
모자	N555 빨강(1타래)	753 주황(1타래)
	네추라 저스트코튼(DMC)	울리(DMC)
몸통과 모자 아래쪽	N35 크림(1타래)	03 크림(1타래)
머리와 팔	N81 베이지(1타래)	134 베이지(1타래)
	네추라 저스트코튼(DMC)	네추라 저스트코튼(DMC)
머리카락	N41 갈색(조금)	N22 진갈색(조금)
꽃	N100 파랑, N12 연녹색, N989 올리브, N14 진녹색 N13 라임, N76 형광연두, N16 노랑, N83 연노랑, N105 주황, N82 분홍 조금씩	
	자수실	
눈썹과 입	갈색	검은색

악어 케이코 KEIKO

난이도
***

크기: 25cm

재료
- 기본 키트(10쪽 참조)
- 2.75mm 코바늘
- 9mm 나사눈 2개
- 흰색 양모펠트(조금)
- 양모펠트 바늘

실
- 100% 베이비코튼(DMC)
  -752 녹색(1타래)
- 해피코튼(DMC)
  -750 파랑(1타래)
  -761 크림(1타래)
  -768 분홍(1타래)
  -776 베이지(1타래)
  -791 빨강(1타래)
  -775 검정(조금)

이상은 큰 케이코(25cm)를 만들기 위한 재료와 실 목록이며 작은 케이코(20cm)를 만들기 위한 대체 재료와 실은 67쪽에 명시되어 있습니다.

케이코는 꿈 많은 악어예요. 케이코는 구름을 보면서 재미있는 모양을 찾아내는 걸 좋아해요. 그리고 그 구름 사이를 날아다니는 꿈을 꾼답니다.

머리[녹색]
시작코로 사슬뜨기 7코를 뜬다. 바늘에서 두 번째 사슬코에서 시작한다. 이 시작코를 중심으로 원형뜨기한다.
1단: 코늘리기 1회, 이어지는 사슬뜨기 4코 각각에 짧은뜨기 1코, 마지막 사슬코에 짧은뜨기 4코. 맞은편에 이어서 뜬다. 이어지는 사슬뜨기 4코 각각에 짧은뜨기 1코, 코늘리기 1회. [16코]
2단: 짧은뜨기 1코, 코늘리기 1회, 짧은뜨기 4코, 코늘리기 1회, 짧은뜨기 2코, 코늘리기 1회, 짧은뜨기 4코, 코늘리기 1회, 짧은뜨기 1코. [20코]
3단: 짧은뜨기 1코, 코늘리기 1회, 짧은뜨기 6코, 코늘리기 1회, 짧은뜨기 2코, 코늘리기 1회, 짧은뜨기 6코, 코늘리기 1회, 짧은뜨기 1코. [24코]
4~5단(2단): 각각의 코에 짧은뜨기 1코. [24코]
6단: 짧은뜨기 2코, 코늘리기 1회, 짧은뜨기 6코, 코늘리기 1회, 짧은뜨기 4코, 코늘리기 1회, 짧은뜨기 6코, 코늘리기 1회, 짧은뜨기 2코. [28코]
7~8단(2단): 각각의 코에 짧은뜨기 1코. [28코]
9단: 짧은뜨기 2코, 코늘리기 1회, 짧은뜨기 8코, 코늘리기 1회, 짧은뜨기 4코, 코늘리기 1회, 짧은뜨기 8코, 코늘리기 1회, 짧은뜨기 2코. [32코]
10~11단(2단): 각각의 코에 짧은뜨기 1코. [32코]
12단: 짧은뜨기 2코, 코늘리기 1회, 짧은뜨

기 10코, 코늘리기 1회, 짧은뜨기 4코, 코늘리기 1회, 짧은뜨기 10코, 코늘리기 1회, 짧은뜨기 2코. [36코]
13~14단(2단): 각각의 코에 짧은뜨기 1코. [36코]
15단: 짧은뜨기 22코, (코늘리기 1회, 짧은뜨기 2코)×4회, 짧은뜨기 2코. [40코]
16~17단(2단): 각각의 코에 짧은뜨기 1코. [40코]
18단: 짧은뜨기 21코, (코늘리기 1회, 짧은뜨기 4코)×3회, 코늘리기 1회, 짧은뜨기 3코. [44코]
머리를 충전재로 채우기 시작하고 뜨개질하면서 보충한다.
19~20단(2단): 각각의 코에 짧은뜨기 1코. [44코]
21단: 짧은뜨기 23코, (코늘리기 1회, 짧은뜨기 4코)×4회, 짧은뜨기 1코. [48코]
22단: 각각의 코에 짧은뜨기 1코. [48코]
23단: 짧은뜨기 22코, (코늘리기 1회, 짧은뜨기 6코)×3회, 코늘리기 1회, 짧은뜨기 4코. [52코]
24단: 각각의 코에 짧은뜨기 1코. [52코]
25단: 짧은뜨기 24코, (코늘리기 1회, 짧은뜨기 6코)×4회. [56코]
26~31단(6단): 각각의 코에 짧은뜨기 1코. [56코]
32단: (짧은뜨기 5코, 코줄이기 1회)×8회. [48코]
33~34단(2단): 각각의 코에 짧은뜨기 1코. [48코]
35단: (짧은뜨기 4코, 코줄이기 1회)×8회.

[40코]

36단: 각각의 코에 짧은뜨기 1코. [40코]

37단: (짧은뜨기 3코, 코줄이기 1회)×8회.
[32코]

38단: 각각의 코에 짧은뜨기 1코. [32코]

39단: (짧은뜨기 2코, 코줄이기 1회)×8회.
[24코]

40단: (짧은뜨기 2코, 코줄이기 1회)×6회.
[18코]

41단: (짧은뜨기 1코, 코줄이기 1회)×6회.
[12코]

42단: 코줄이기 6회. [6코]

머리에 충전재를 마저 채운다. 실을 자르고
남은 실을 정리한다.

눈[녹색으로 시작, 2개]

1단: 매직링에 짧은뜨기 6코. [6코]

2단: 코늘리기 3회 / 크림-코늘리기 3회.
[12코]

3단: 녹색-(짧은뜨기 1코, 코늘리기 1회)×
3회 / 크림-(짧은뜨기 1코, 코늘리기 1회)×
3회. [18코]

4단: 녹색-(짧은뜨기 2코, 코늘리기 1회)×
3회 / 크림-(짧은뜨기 2코, 코늘리기 1회)×
3회. [24코]

5~7단(3단): 녹색-짧은뜨기 12코 / 크림-
짧은뜨기 12코. [24코]

7단에서 녹색 실을 자르지 않고 눈의 디테
일을 뜨는 데 사용한다. 눈 디테일은 옆의
박스를 참조한다.

바느질할 실을 충분히 남기고 자른다.

눈 디테일

눈의 7단 크림색 첫 번째 코에 바늘을 넣어 녹색 실을 걸고(**1**) 눈의 녹색과 크림색을
구분하는 라인을 따라 빼뜨기를 한다(**2**, **3**). 열 끝에서 사슬뜨기 1코를 뜨고 편물을
돌려 각각의 코에 빼뜨기 1코씩 뜬다(**4**). 바느질할 실을 충분히 남기고 자른다(**5**).
눈의 4단과 5단 사이 흰색 부분에 나사눈을 달아준다(**6**).

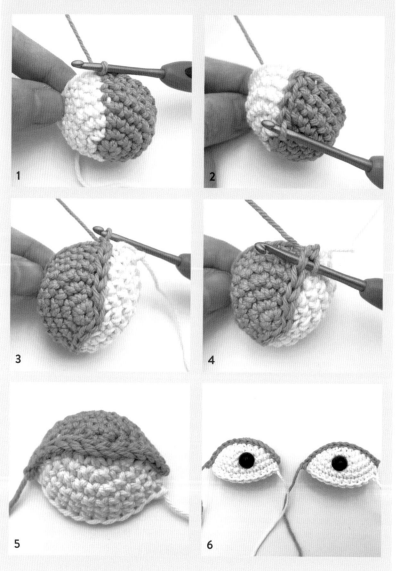

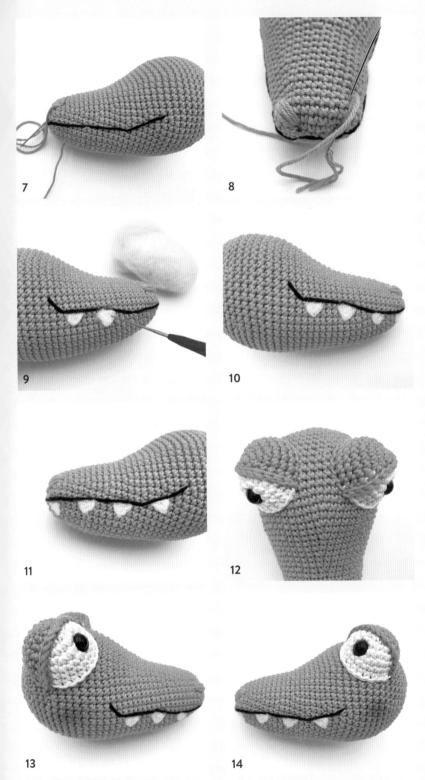

연결하기

검은색 실로 머리의 1단과 24단 사이에 입을 수놓는다. 녹색 실로 2단과 4단 사이에 코를 수놓는다(7, 8).

양모펠트와 양모펠트 바늘로 입 라인 아래에 이빨을 만든다(9, 10, 11).

눈을 충전재로 채운 다음 머리의 25단과 35단 사이에 달아준다. 뺨에 블러셔를 바른다(12, 13, 14).

팔(녹색으로 시작, 2개)

1단: 매직링에 짧은뜨기 7코. [7코]

2단: 코늘리기 7회. [14코]

팔을 충전재로 채우기 시작하고 뜨개질하면서 보충한다.

3~16단(14단): 각각의 코에 짧은뜨기 1코. [14코]

16단 끝에서 분홍색 실을 걸고 녹색 실은 자른다.

17단: 뒤 반코에만 뜬다. 각각의 코에 짧은뜨기 1코. [14코]

18단: 분홍-짧은뜨기 2코 / (빨강-짧은뜨기 2코 / 분홍-짧은뜨기 3코)×2회, 빨강-짧은뜨기 2코. [14코]

19~20단(2단): 각각의 코에 분홍-짧은뜨기 1코. [14코]

21단: (빨강-짧은뜨기 2코 / 분홍-짧은뜨기 3코)×2회, 빨강-짧은뜨기 2코 / 분홍-짧은뜨기 2코. [14코]

빨간색 실을 자르고 남은 실을 정리한다.

15

팔을 핀으로 납작하게 고정하고 열린 부분을 맞물려 코들을 나란히 맞춘다(15). 마주 보는 2코씩 짧은뜨기로 차례로 닫아준다. [7코]. 바느질할 실을 충분히 남기고 자른다.

소매 디테일은 옆의 박스를 참조한다.

꼬리[녹색]

1단: 매직링에 짧은뜨기 6코. [6코]

2단: (코늘리기 1회, 짧은뜨기 1코)×3회. [9코]

3단: 각각의 코에 짧은뜨기 1코. [9코]

4단: (짧은뜨기 2코, 코늘리기 1회)×3회. [12코]

5단: 각각의 코에 짧은뜨기 1코. [12코]

6단: (짧은뜨기 5코, 코늘리기 1회)×2회. [14코]

7단: 각각의 코에 짧은뜨기 1코. [14코]

8단: (짧은뜨기 6코, 코늘리기 1회)×2회. [16코]

9~10단(2단): 각각의 코에 짧은뜨기 1코. [16코]

11단: (짧은뜨기 7코, 코늘리기 1회)×2회. [18코]

12단: 각각의 코에 짧은뜨기 1코. [18코]

13단: (짧은뜨기 5코, 코늘리기 1회)×3회. [21코]

14~15단(2단): 각각의 코에 짧은뜨기 1코. [21코]

16단: (짧은뜨기 6코, 코늘리기 1회)×3회. [24코]

꼬리를 충전재로 채우기 시작하고 뜨개질하면서 보충한다.

17~21단(5단): 각각의 코에 짧은뜨기 1코. [24코]

22단: (짧은뜨기 7코, 코늘리기 1회)×3회. [27코]

23~30단(8단): 각각의 코에 짧은뜨기 1코. [27코]

31단: (짧은뜨기 8코, 코늘리기 1회)×3회. [30코]

소매 디테일

팔을 거꾸로 놓고 16단의 앞 반코에만 뜬다. 단의 마지막 코에 바늘을 넣어 분홍색 실을 걸고(16) 사슬뜨기 1코, 각각의 코에 짧은뜨기 1코, 빼뜨기 1코로 닫기. [14코]. 실을 자르고 남은 실을 정리한다(17).

16

17

32~36단(5단): 각각의 코에 짧은뜨기 1코. [30코]

바느질할 실을 충분히 남기고 자른다(18).

다리[베이지색으로 시작]

첫 번째 다리

시작코로 사슬뜨기 6코를 뜬다. 바늘에서 두 번째 사슬코에서 시작한다. 이 시작코를 중심으로 원형뜨기한다.

1단: 코늘리기 1회, 이어지는 사슬뜨기 3코 각각에 짧은뜨기 1코, 마지막 사슬코에 짧은뜨기 4코, 맞은편도 이어서 뜬다. 이어지는 사슬뜨기 3코 각각에 짧은뜨기 1코, 코늘리기 1회. [14코]

2단: 짧은뜨기 1코, 코늘리기 1회, 짧은뜨기

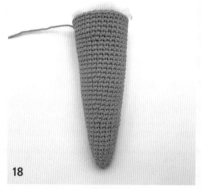

18

19

3코, 코늘리기 1회, 짧은뜨기 2코, 코늘리기 1회, 짧은뜨기 3코, 코늘리기 1회, 짧은뜨기 1코. [18코]

3단: 짧은뜨기 1코, 코늘리기 1회, 짧은뜨기 5코, 코늘리기 1회, 짧은뜨기 2코, 코늘리기 1회, 짧은뜨기 5코, 코늘리기 1회, 짧은뜨기 1코. [22코]

4단: (코늘리기 1회, 짧은뜨기 1코)×2회, 짧은뜨기 5코, (코늘리기 1회, 짧은뜨기 1코)×3회, 짧은뜨기 5코, 코늘리기 1회, 짧은뜨기 1코. [28코]

5단: 뒤 반코에만 뜬다. 각각의 코에 짧은뜨기 1코. [28코]

6단: 각각의 코에 짧은뜨기 1코. [28코]

7단: 짧은뜨기 12코, (코줄이기 1회, 짧은뜨기 1코)×3회, 짧은뜨기 7코. [25코]

8단: 짧은뜨기 8코, (코줄이기 1회, 짧은뜨기 1코)×4회, 짧은뜨기 5코. [21코]

9단: 짧은뜨기 7코, (코줄이기 1회, 짧은뜨기 1코)×3회 짧은뜨기 5코. [18코]

10~11단(2단): 각각의 코에 짧은뜨기 1코. [18코]

12단: (짧은뜨기 5코, 코늘리기 1회)×3회. [21코]

13단: 각각의 코에 짧은뜨기 1코. [21코]
13단 끝에서 파란색 실을 걸고 베이지색 실은 바깥에 남겨둔다. 베이지색 실은 장화 디테일을 뜨는 데 사용한다(19).

14단: 뒤 반코에만 뜬다. (짧은뜨기 6코, 코늘리기 1회)×3회. [24코]

줄무늬를 뜨고 싶나요?

작은 케이코에게 줄무늬 바지를 떠주고 싶으면 몸통의 14단까지 연녹색 1단과 파란색 1단을 번갈아 가며 뜨면 됩니다.

15단: 각각의 코에 짧은뜨기 1코. [24코]

16단: (짧은뜨기 7코, 코늘리기 1회)×3회. [27코]

장화 디테일

1. 다리를 거꾸로 놓고 13단의 앞 반코에만 뜬다. 단의 마지막 코에 바늘을 넣어 베이지색 실을 걸고(20) 단 끝까지 각각의 코에 빼뜨기 1코씩 뜬다. 실을 자르고 남은 실을 정리한다.

2. 4단의 앞 반코에만 뜬다. 단의 마지막 코에 바늘을 넣어 베이지색 실을 걸고(21) 단 끝까지 각각의 코에 빼뜨기 1코씩 뜬다. 실을 자르고 남은 실을 정리한다.
검은색 실로 장화 위에 두 개의 신발끈을 수놓는다(22).

20

21

22

17단: 짧은뜨기 20코. [20코]
17단은 여기에서 멈추고 나머지 7코는 그대로 둔다.

두 번째 다리

1~16단(16단): 첫 번째 다리와 똑같이 뜬다.

17단: 각각의 코에 짧은뜨기 1코. [27코]

18단: 짧은뜨기 8코. [8코]
18단은 여기에서 멈추고 나머지 19코는 그대로 둔다.
단의 끝에서 실을 자르지 않는다. 실은 두 다리를 연결하고 몸통을 뜨는 데 사용한다. 장화 디테일은 옆의 박스를 참조한다.

몸통 [파랑으로 시작]

연결한 두 다리에 이어서 뜬다.
두 번째 다리에서 시작한다. 짧은뜨기 1코로 첫 번째 다리에 연결한다(19쪽 참조). 이 짧은뜨기 코는 몸통의 첫 코가 된다(23).

1단: 첫 번째 다리 각각의 코에 짧은뜨기 1코, 두 번째 다리 각각의 코에 짧은뜨기 1코. [54코]

2~12단(11단): 각각의 코에 짧은뜨기 1코. [54코]

13단: (짧은뜨기 7코, 코줄이기 1회)×6회. [48코]

14단: 각각의 코에 짧은뜨기 1코. [48코]
14단 끝에서 분홍색 실을 걸고 파란색 실은 자른다.

23

15단: 뒤 반코에만 뜬다. 각각의 코에 짧은 뜨기 1코. [48코]

16단: 각각의 코에 짧은뜨기 1코. [48코] 몸통을 충전재로 채우기 시작하고 뜨개질하면서 보충한다.

17단: (빨강-짧은뜨기 2코 / 분홍-짧은뜨기 4코)×8회. [48코]

18단: (짧은뜨기 6코, 코줄이기 1회)×6회. [42코]

19단: 각각의 코에 짧은뜨기 1코. [42코]

20단: (빨강-짧은뜨기 2코 / 분홍-짧은뜨기 4코)×7회. [42코]

21~22단(2단): 각각의 코에 짧은뜨기 1코. [42코]

23단: 짧은뜨기 3코, (빨강-짧은뜨기 2코 / 분홍-짧은뜨기 4코)×6회, 빨강-짧은뜨기 2코 / 분홍-짧은뜨기 1코. [42코]

24~25단(2단): 각각의 코에 짧은뜨기 1코. [42코]

26단: (빨강-짧은뜨기 2코 / 분홍-짧은뜨기 4코)×7회. [42코]

27단: (짧은뜨기 5코, 코줄이기 1회)×6회. [36코]

28단: 각각의 코에 짧은뜨기 1코. [36코]

29단: (빨강-짧은뜨기 2코 / 분홍-짧은뜨기 4코)×6회. [36코]

30단: 각각의 코에 짧은뜨기 1코. [36코] 30단 끝에서 녹색 실을 걸고 분홍색 실은 바깥에 그대로 둔다. 분홍색 실은 네크라인을 뜨는 데 사용한다(24).

31단: 뒤 반코에만 뜬다. (짧은뜨기 4코, 코줄이기 1회)×6회. [30코]

32단: 각각의 코에 짧은뜨기 1코. [30코]

33단: 짧은뜨기 10코. [10코] 33단은 여기서 멈추고 나머지 20코는 그대로 둔다. 바느질할 실을 충분히 남기고 자른다.

네크라인

몸통을 거꾸로 놓고 30단 앞 반코에만 뜬다. 단의 마지막 코에 바늘을 넣어 분홍색 실을 걸고(25) 단 끝까지 각각의 코에 빼뜨기 1코씩 뜬다.

실을 자르고 남은 실을 정리한다.

티셔츠 디테일은 옆의 박스를 참조한다.

연결하기

네크라인의 1단 아래에 팔을 연결한다(27). 몸통의 2단과 13단 사이, 뒤쪽 중앙에 꼬리를 연결한다(28). 머리의 28단과 35단 사이에 몸통을 연결한다(29).

티셔츠 디테일

몸통을 거꾸로 놓고 14단 앞 반코에만 뜬다. 단의 마지막 코에 바늘을 넣어 분홍색 실을 걸고(26) 사슬뜨기 1코, 단 끝까지 각각의 코에 짧은뜨기 1코, 빼뜨기 1코로 닫는다.

실을 자르고 남은 실을 정리한다.

26

24

25

27

28

29

작은 케이코 만들기

다음은 작은 케이코를 만드는 데 필요한 대체 재료와 실입니다.
상상력에 따라 다른 색상을 이용해도 좋아요!

	큰 케이코(25cm)	작은 케이코(20cm)
재료		
코바늘	2.75mm	2.25mm
나사눈	9mm	8mm
	100% 베이비코튼(DMC)	네추라 저스트코튼(DMC)
몸통	752 녹색(1타래)	N20 민트(1타래)
	해피코튼(DMC)	네추라 저스트코튼(DMC)
바지	750 파랑(1타래)	N12 연녹색(1타래), N27 파랑(1타래)
눈	761 크림(1타래)	N35 크림(1타래)
티셔츠	768 분홍(1타래)	N47 주황(1타래)
티셔츠 무늬	791 빨강(1타래)	N34 빨강(1타래)
입	775 검정(조금)	N11 검정(조금)
	해피코튼(DMC)	울리(DMC)
신발	776 베이지(1타래)	091 노랑(1타래)

고양이 리암 LIAM

깊은 밤, 불빛이 도시를 밝히면 리암이 활동을 개시합니다. 하늘을 나는 초능력이 있는 고양이 리암은 망토를 휘날리며 위험에 처한 사람들에게 날아가 그들을 구해줘요. 매일 밤 리암은 도시가 평화롭게 잠들었는지 살핀답니다.

난이도
*

크기: 20cm

재료
- 기본 키트(10쪽 참조)
- 2.25mm 코바늘
- 6mm 나사눈 2개

실
- 네추라 저스트코튼(DMC)
  - N01 흰색(1타래)
  - N83 노랑(1타래)
  - N85 겨자색(1타래)
  - N105 주황(1타래)
- 울리(DMC)
  - 072 파랑(1타래)
- 자수실
  - 검정
  - 갈색

머리[흰색]

시작코로 사슬뜨기 12코를 뜬다. 바늘에서 두 번째 사슬코에서 시작한다. 이 시작코를 중심으로 원형뜨기한다.

1단: 코늘리기 1회, 이어지는 사슬뜨기 9코 각각에 짧은뜨기 1코, 마지막 코에 짧은뜨기 3코. 맞은편도 이어서 뜬다. 이어지는 사슬뜨기 10코 각각에 짧은뜨기 1코. [24코]

2단: 코늘리기 2회, 짧은뜨기 9코, 코늘리기 3회, 짧은뜨기 9코, 코늘리기 1회. [30코]

3단: (짧은뜨기 1코, 코늘리기 1회)×2회, 짧은뜨기 10코, (짧은뜨기 1코, 코늘리기 1회)×3회, 짧은뜨기 9코, 코늘리기 1회. [36코]

4단: 짧은뜨기 5코, 코늘리기 1회)×6회. [42코]

5단: 짧은뜨기 2코, 코늘리기 1회, (짧은뜨기 6코, 코늘리기 1회)×5회, 짧은뜨기 4코. [48코]

6단: 짧은뜨기 7코, 코늘리기 1회)×6회. [54코]

7~16코(10단): 각각의 코에 짧은뜨기 1코. [54코]

17단: (짧은뜨기 8코, 코늘리기 1회)×6회. [60코]

18~20단(3단): 각각의 코에 짧은뜨기 1코. [60코]

21단: (짧은뜨기 8코, 코줄이기 1회)×6회. [54코]

머리의 15단과 16단 사이에 8코 간격으로 두 눈을 단다. 머리를 충전재로 채우기 시작하고 뜨개질하면서 보충한다.

22단: 짧은뜨기 3코, 코줄이기 1회, (짧은뜨기 7코, 코줄이기 1회)×5회, 짧은뜨기 4코. [48코]

23단: (짧은뜨기 6코, 코줄이기 1회)×6회. [42코]

24단: 짧은뜨기 2코, 코줄이기 1회, (짧은뜨기 5코, 코줄이기 1회)×5회, 짧은뜨기 3코. [36코]

25단: (짧은뜨기 4코, 코줄이기 1회)×6회. [30코]

바느질할 실을 충분히 남기고 자른다.

갈색 자수실로 두 눈 사이, 17단과 19단 중간에 코를 수놓고, 각각의 눈 아래에 수염을 수놓는다. 뺨에 블러셔를 바른다(1).

1

다리[흰색으로 시작, 2개]

1단: 매직링에 짧은뜨기 8코. [8코]

2단: 코늘리기 8회. [16코]

3단: (짧은뜨기 3코, 코늘리기 1회)×4회. [20코]

다리를 충전재로 채우기 시작하고 뜨개질하면서 보충한다.

4~15단(12단): 각각의 코에 짧은뜨기 1코. [20코]

15단 끝에서 겨자색 실을 걸고 흰색 실은 자른다.

16단: 각각의 코에 빼뜨기 1코. [20코]

첫 번째 다리를 뜬 후에는 실을 자르지만, 두 번째 다리를 뜬 후에는 자르지 않고 두 다리를 연결하고 이어서 몸통을 뜨는 데 사용한다.

몸통[겨자색으로 시작]

연결한 두 다리에 이어서 뜬다.

두 번째 다리에서 시작한다. 사슬뜨기 3코를 뜬 후(**2**) 짧은뜨기 1코로 첫 번째 다리에 연결하고 마지막 단 뒤 반코에 뜬다.(19쪽 참조). 이 짧은뜨기 코는 몸통의 첫 코가 된다(**3**).

1단: 두 다리의 뒤 반코에만 뜬다. 첫 번째 다리 각각의 코에 짧은뜨기 1코, 사슬뜨기 3코 각각에 짧은뜨기 1코, 두 번째 다리 각각의 코에 짧은뜨기 1코, 사슬뜨기 3코 각각의 다른 반코에 짧은뜨기 1코. [46코]

2단: 짧은뜨기 21코, 코늘리기 1회, 짧은뜨기 22코, 코늘리기 1회, 짧은뜨기 1코. [48코]

3~8단(6단): 각각의 코에 짧은뜨기 1코. [48코]

8단 끝에서 주황색 실을 걸고 겨자색 실은 자른다. 몸통을 충전재로 채우기 시작하고 뜨개질하면서 보충한다.

9단: 각각의 코에 짧은뜨기 1코. [48코]

9단 끝에서 노란색 실을 걸고 주황색 실은 몸통 바깥에 둔다. 주황색 실은 바지 디테일을 뜨는 데 사용한다(**4**).

10단: 뒤 반코에만 뜬다. 각각의 코에 짧은뜨기 1코. [48코]

11~15단(5단): 각각의 코에 짧은뜨기 1코. [48코]

16단: (짧은뜨기 6코, 코줄이기 1회)×6회. [42코]

17~19단(3단): 각각의 코에 짧은뜨기 1코. [42코]

20단: (짧은뜨기 5코, 코줄이기 1회)×6회. [36코]

21~23단(3단): 각각의 코에 짧은뜨기 1코. [36코]

24단: (짧은뜨기 4코, 코줄이기 1회)×6회. [30코]

25단: 각각의 코에 짧은뜨기 1코. [30코]

바느질할 실을 충분히 남기고 자른다.

벨트 디테일은 다음 페이지의 박스를 참조한다.

벨트 디테일

몸통을 거꾸로 놓고 9단의 앞 반코에 뜬다. 단의 마지막 코에 바늘을 넣어 주황색 실을 걸고(5) 단 끝까지 각각의 코에 빼뜨기 1코씩 뜬다. 실을 자르고 남은 실을 정리한다.

검은색 자수실로 티셔츠 앞면에 생선 뼈를 수놓는다(6).

팔(흰색으로 시작, 2개)

1단: 매직링에 짧은뜨기 7코. [7코]

2단: 코늘리기 7회. [14코]

3~12단(10단): 각각의 코에 짧은뜨기 1코. [14코]

12단 끝에서 노란색 실을 걸고 흰색 실은 자른다.

13~17단(5단): 각각의 코에 짧은뜨기 1코. [14코]

팔을 충전재로 채운다.

팔을 핀으로 납작하게 고정하고 열린 부분을 맞물려 코들을 나란히 맞춘다(7). 마주보는 2코씩 짧은뜨기로 차례로 닫아준다. [7코]

바느질할 실을 충분히 남기고 자른다(8).

귀(흰색, 2개)

1단: 매직링에 짧은뜨기 6코. [6코]

2단: (코늘리기 1회, 짧은뜨기 2코)×2회. [8코]

3단: (짧은뜨기 3코, 코늘리기 1회)×2회. [10코]

4단: (짧은뜨기 4코, 코늘리기 1회)×2회. [12코]

5단: (짧은뜨기 5코, 코늘리기 1회)×2회. [14코]

6단: (짧은뜨기 6코, 코늘리기 1회)×2회. [16코]

7단: (짧은뜨기 7코, 코늘리기 1회)×2회. [18코]

8단: 짧은뜨기 3코, 코늘리기 1회, (짧은뜨기 5코, 코늘리기 1회)×2회, 짧은뜨기 2코. [21코]

9단: 짧은뜨기 6코, 코늘리기 1회)×3회. [24코]

10단: (짧은뜨기 5코, 코늘리기 1회)×4회. [28코]

바느질할 실을 충분히 남기고 자른다(9).

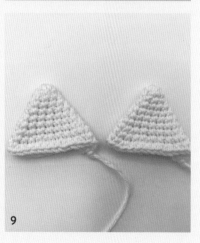

꼬리 [흰색]

1단: 매직링에 짧은뜨기 6코. [6코]

2단: (코늘리기 1회, 짧은뜨기 1코)×3회. [9코]

3단: (코늘리기 1회, 짧은뜨기 2코)×3회. [12코]

4~12단(9단): 각각의 코에 짧은뜨기 1코. [12코]

꼬리에 충전재를 채우기 시작하고 뜨개질하면서 보충한다.

13단: 짧은뜨기 10코, 코줄이기 1회. [11코]

14~18단(5단): 각각의 코에 짧은뜨기 1코. [11코]

19단: 짧은뜨기 9코, 코줄이기 1회. [10코]

20~29단(10단): 각각의 코에 짧은뜨기 1코. [10코]

바느질할 실을 충분히 남기고 자른다(10).

연결하기

시침핀으로 머리의 1단과 11단 사이에 귀를 고정하고(11) 연결한다.

귀 안쪽에 블러셔를 바른다.

겨자색 실로 머리의 4단과 7단 사이에 번개를 수놓는다(12).

네크라인에서 2단 아래에 팔을 연결한다(13, 14).

몸통의 5단과 7단 사이, 뒤쪽 중앙에 꼬리를 연결한다(15, 16).

몸통의 마지막 단 뒤 반코에 머리를 연결하고 머리에 충전재를 꼼꼼히 채운 후 완전히 닫는다.

소품

가면 [주황]

시작코로 사슬뜨기 60코를 뜨고 빼뜨기 1코로 닫는다(17). 각 단을 닫으면서 뜨고, 각 단의 첫 사슬뜨기는 콧수로 세지 않는다.

1단: 사슬뜨기 1코, 각각의 코에 짧은뜨기 1코, 빼뜨기 1코로 닫기. [60코]

2단: 사슬뜨기 1코, 짧은뜨기 21코, 사슬뜨기 8코, 6코 건너뛰기, 짧은뜨기 6코, 사슬뜨기 8코, 6코 건너뛰기, 짧은뜨기 21코, 빼뜨기 1코로 닫기. [64코]

3단: 뒤 반코에만 뜬다. 빼뜨기 21코, 사슬코에 이어서(18) 한길긴뜨기 4코, 긴뜨기 3코, 짧은뜨기 1코. 뒤 반코에 이어서 빼뜨기 6코. 사슬코에 이어서 짧은뜨기 1코, 긴뜨기 3코, 한길긴뜨기 4코. 뒤 반코에 이어서 빼뜨기 21코. [64코]

실을 자르고 남은 실을 정리한다(19).

망토 [파랑]

시작코로 사슬뜨기 27코를 뜬다. 바늘에서 네 번째 사슬코에서 시작해 왕복뜨기한다. 각 단의 첫 사슬뜨기 3코는 한길긴뜨기 콧수로 세지 않는다.

1열: 한길긴뜨기 24코, 편물을 뒤집는다. [24코]

2열: 사슬뜨기 3코, 한길긴뜨기 2코, 다음 한 코에 한길긴뜨기 2코, (한길긴뜨기 5코, 다음 한 코에 한길긴뜨기 2코)×3회, 한길긴뜨기 3코, 편물을 뒤집는다. [28코]

3열: 사슬뜨기 3코, 각각의 코에 한길긴뜨기 1코, 편물을 뒤집는다. [28코]

4열: 사슬뜨기 3코, 한길긴뜨기 3코, 다음 한 코에 한길긴뜨기 2코, (한길긴뜨기 6코, 다음 한 코에 한길긴뜨기 2코)×3회, 한길긴뜨기 3코, 편물을 뒤집는다. [32코]

5열: 사슬뜨기 3코, 각각의 코에 한길긴뜨기 1코, 편물을 뒤집는다. [32코]

6열: 사슬뜨기 3코, 한길긴뜨기 3코, 다음 한 코에 한길긴뜨기 2코, (한길긴뜨기 7코, 다음 한 코에 한길긴뜨기 2코)×3회, 한길긴뜨기 4코, 편물을 뒤집는다. [36코]

7~9열(3열): 사슬뜨기 3코, 각각의 코에 한길긴뜨기 1코. 편물을 뒤집는다. [36코]

10열: 사슬뜨기 3코, 한길긴뜨기 4코, 다음 한 코에 한길긴뜨기 2코, (한길긴뜨기 8코, 다음 한 코에 한길긴뜨기 2코)×3회, 한길긴뜨기 4코, 편물을 뒤집는다. [40코]

11~13열(3열): 사슬뜨기 3코, 각각의 코에 한길긴뜨기 1코, 편물을 뒤집는다. [40코]

20

21

22

14열: 사슬뜨기 3코, 한길긴뜨기 4코, 다음 한 코에 한길긴뜨기 2코, (한길긴뜨기 9코, 다음 한 코에 한길긴뜨기 2코)×3회, 한길긴뜨기 5코. [44코]

실을 자르고 남은 실을 정리한다(20).

망토 끈 [파랑]

사슬뜨기 15코를 뜨고 망토의 사슬코에 이어서(21) 각각의 코에 짧은뜨기 1코, 사슬뜨기 15코. [54코]

실을 자르고 남은 실을 정리한다(22).

멧돼지 루카스 LUCAS

멧돼지 루카스는 건강을 유지하기 위해 매일 몸에 좋은 음식을 먹고 규칙적으로 운동하고 일찍 자고 일찍 일어나는 루틴을 지킨답니다. 지금 생애 첫 마라톤을 준비하고 있는 루카스는 이 도전에 몹시 들떠 있어요.

크기: 17cm

재료
• 기본 키트(10쪽 참조)
• 2.25mm 코바늘, 스카프를 뜰 때만 2.75mm 코바늘
• 7mm 나사눈 2개

실
• 네추라 저스트코튼(DMC)
 -N09 파랑(1타래)
 -N35 크림(1타래)
 -N37 베이지(1타래)
 -N41 갈색(1타래)
 -N85 겨자색(1타래)
 -N47 주황(조금)
• 울리(DMC)
 -067 녹색(조금)
• 검은색 자수실

머리(베이지색으로 시작)
1단: 매직링에 짧은뜨기 8코. [8코]
2단: 코늘리기 8회. [16코]
3단: (짧은뜨기 1코, 코늘리기 1회)×3회, (갈색-짧은뜨기 1코 / 베이지-코늘리기 1회)×3회, 베이지-(짧은뜨기 1코, 코늘리기 1회)×2회. [24코]
4단: (짧은뜨기 2코, 코늘리기 1회)×2회, 짧은뜨기 2코, 갈색-코늘리기 1회, 짧은뜨기 1코 / 베이지-코늘리기 1회 / 갈색-짧은뜨기 3코 / 베이지-코늘리기 1회 / 갈색-짧은뜨기 1코, 코늘리기 1회 / 베이지-짧은뜨기 3코, 코늘리기 1회, 짧은뜨기 2코, 코늘리기 1회. [32코]
5단: 짧은뜨기 3코, 코늘리기 1회, 짧은뜨기 4코, 코늘리기 1회, 짧은뜨기 1코 / 갈색-짧은뜨기 3코 / 베이지-코늘리기 1회, 짧은뜨기 1코 / 갈색-짧은뜨기 1코, 코늘리기 1회, 짧은뜨기 1코 / 베이지-짧은뜨기 1코, 코늘리기 1회 / 갈색-짧은뜨기 3코 / 베이지-(코늘리기 1회, 짧은뜨기 3코)×2회, 코늘리기 1회. [40코]
6단: 짧은뜨기 1코, 코늘리기 1회, (짧은뜨기 4코, 코늘리기 1회)×2회 / 갈색-짧은뜨기 3코 / 베이지-짧은뜨기 2코, 코늘리기 1회 / 갈색-짧은뜨기 4코 / 베이지-코늘리기 1회, 짧은뜨기 2코 / 갈색-짧은뜨기 3코 / 베이지-(코늘리기 1회, 짧은뜨기 4코)×2회, 코늘리기 1회, 짧은뜨기 1코. [48코]
7~8단(2단): 짧은뜨기 15코 / 갈색-짧은뜨기 3코 / 베이지-짧은뜨기 4코 / 갈색-

짧은뜨기 4코 / 베이지-짧은뜨기 4코 / 갈색-짧은뜨기 3코 / 베이지-짧은뜨기 15코. [48코]
9단: 짧은뜨기 7코, 코늘리기 1회, 짧은뜨기 6코, 코늘리기 1회 / 갈색-짧은뜨기 3코 / 베이지-짧은뜨기 3코, 코늘리기 1회 / 갈색-짧은뜨기 4코 / 베이지-짧은뜨기 3코, 코늘리기 1회 / 갈색-짧은뜨기 3코 / 베이지-짧은뜨기 4코, 코늘리기 1회, 짧은뜨기 8코, 코늘리기 1회, 짧은뜨기 1코. [54코]
10~11단(2단): 짧은뜨기 17코 / 갈색-짧은뜨기 3코 / 베이지-짧은뜨기 5코 / 갈색-짧은뜨기 4코 / 베이지-짧은뜨기 5코 / 갈색-짧은뜨기 3코 / 베이지-짧은뜨기 17코. [54코]
12단: 짧은뜨기 18코 / 갈색-짧은뜨기 2코 / 베이지-짧은뜨기 6코 / 갈색-짧은뜨기 2코 / 베이지-짧은뜨기 6코 / 갈색-짧은뜨기 2코 / 베이지-짧은뜨기 18코. [54코]
12단 끝에서 갈색 실은 자르고 베이지색 실로 계속 뜬다.
13~15단(3단): 각각의 코에 짧은뜨기 1코. [54코]
16단: (짧은뜨기 8코, 코늘리기 1회)×6회. [60코]
17~18단(2단): 각각의 단에 짧은뜨기 1코. [60코]
19단: 짧은뜨기 9코, 코늘리기 1회)×6회. [66코]
20~21단(2단): 각각의 코에 짧은뜨기 1코. [66코]

22단 : (짧은뜨기 9코, 코줄이기 1회)×6회. [60코]

23단 : 짧은뜨기 4코, 코줄이기 1회 (짧은뜨기 8코, 코줄이기 1회)×5회, 짧은뜨기 4코. [54코]

24단 : (짧은뜨기 7코, 코줄이기 1회)×6회. [48코]

25단 : 짧은뜨기 3코, 코줄이기 1회, (짧은뜨기 6코, 코줄이기 1회)×5회, 짧은뜨기 3코. [42코]

머리의 17단과 18단 사이에 10코 간격으로 두 눈을 단다. 머리를 충전재로 채우기 시작하고 뜨개질하면서 보충한다.

26단 : (짧은뜨기 5코, 코줄이기 1회)×6회. [36코]

27단 : 짧은뜨기 2코, 코줄이기 1회, (짧은뜨기 4코, 코줄이기 1회)×5회, 짧은뜨기 2코. [30코]

바느질할 실을 충분히 남기고 자른다.
자수실로 양쪽 눈에서 2단 위에 눈썹을 수놓는다(1).

귀[갈색으로 시작, 2개]

1단 : 매직링에 짧은뜨기 6코. [6코]

2단 : (코늘리기 1회, 짧은뜨기 1코)×3회. [9코]

3단 : 각각의 코에 짧은뜨기 1코. [9코]

3단 끝에서 베이지색 실을 걸고 갈색 실은 자른다.

4단 : (짧은뜨기 2코, 코늘리기 1회)×3회. [12코]

5단 : (짧은뜨기 1코, 코늘리기 1회)×6회. [18코]

6단 : (짧은뜨기 2코, 코늘리기 1회)×6회. [24코]

7~11단(5단) : 각각의 코에 짧은뜨기 1코. [24코]

바느질할 실을 충분히 남기고 자른다(2).

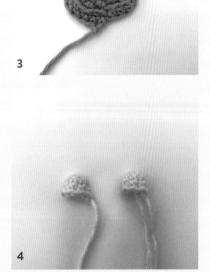

주둥이[베이지]

1단 : 매직링에 짧은뜨기 8코. [8코]

2단 : 코늘리기 8회. [16코]

3단 : 빼뜨기 2코, 코늘리기 3회, 짧은뜨기 6코, 코늘리기 3회, 빼뜨기 2코. [22코]

4단 : 뒤 반코에만 뜬다. 각각의 코에 짧은뜨기 1코. [22코]

5단 : 각각의 코에 짧은뜨기 1코. [22코]

바느질할 실을 충분히 남기고 자른다.
자수실로 주둥이에 두 개의 선을 수놓는다(3).

엄니[크림, 2개]

1단 : 매직링에 짧은뜨기 5코. [5코]

2단 : 코늘리기 1회, 짧은뜨기 4코. [6코]

3단 : 코늘리기 1회, 짧은뜨기 5코. [7코]

바느질할 실을 충분히 남기고 자른다(4).

5

9

바지 디테일

다리의 7단 앞 반코에만 뜬다. 단의 마지막 코에 바늘을 넣어 노란색 실을 걸고(10) 각각의 코에 빼뜨기 1코씩 뜬다. 실을 자르고 남은 실을 정리한다(11).

10

6

머리 연결하기

주둥이를 충전재로 꼼꼼하게 채우고 두 눈 사이, 16단과 20단 사이에 연결한다.
주둥이 양쪽에 엄니를 단다(5, 6).
머리의 5단과 12단 사이에 두 귀를 연결한다(7, 8).
뺨에 블러셔를 바른다(9).

11

7

다리[갈색으로 시작, 2개]

1단: 매직링에 짧은뜨기 8코. [8코]
2단: 코늘리기 8회. [16코]
3단: (짧은뜨기 3코, 코늘리기 1회)×4회. [20코]
3단 끝에서 베이지색 실을 걸고, 갈색 실은 자른다.
4~7단(4단): 각각의 코에 짧은뜨기 1코. [20코]
7단 끝에서 겨자색 실을 걸고 베이지색 실은 자른다.
8단: 뒤 반코에만 뜬다. (짧은뜨기 4코, 코늘리기 1회)×4회. [24코]
첫 번째 다리를 뜬 후에는 실을 자르지만, 두 번째 다리를 뜬 후에는 자르지 않고 두 다리를 연결하고 이어서 몸통을 뜨는 데 사용한다.
바지 디테일은 옆의 박스를 참조한다. .

8

12

13

벨트 디테일

몸통을 거꾸로 놓고 8단의 앞 반코에
만 뜬다. 단의 마지막 코에 바늘을 넣
어 겨자색 실을 걸고(14) 각각의 코에
빼뜨기 1코씩 뜬다.
실을 자르고 남은 실을 정리한다.
갈색 실로 바지 양쪽에 주머니를 수놓
는다(15).

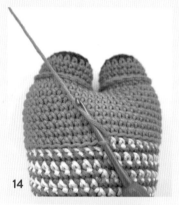

14

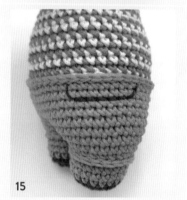

15

몸통[겨자색으로 시작]

연결한 두 다리에 이어서 뜬다.
두 번째 다리에서 시작한다. 짧은뜨기 1코
로 첫 번째 다리에 연결한다(19쪽 참조). 이
짧은뜨기 코는 몸통의 첫 코가 된다(12).
1단: 첫 번째 다리 각각의 코에 짧은뜨기
1코, 두 번째 다리 각각의 코에 짧은뜨기 1코.
[48코]
2~8단(7단): 각각의 코에 짧은뜨기 1코.
[48코]
다리를 충전재로 채우기 시작하고 뜨개질
하면서 보충한다.
8단 끝에서 크림색 실을 걸고 겨자색 실은
몸통 바깥에 그대로 둔다. 겨자색 실은 벨
트 디테일을 뜨는 데 사용한다(13).
이제부터 몸통 끝까지 크림색 1단과 파란색
1단을 번갈아 가며 뜬다.
9단: 뒤 반코에만 뜬다. (짧은뜨기 6코, 코
줄이기 1회)×6회. [42코]
10~17단(8단): 각각의 코에 짧은뜨기 1코.
[42코]
18단: (짧은뜨기 5코, 코줄이기 1회)×6회.
[36코]
19~21단(3단): 각각의 코에 짧은뜨기 1코.
[36코]
22단: (짧은뜨기 4코, 코줄이기 1회)×6회.
[30코]
바느질할 실을 충분히 남기고 자른다.
벨트 디테일은 옆의 박스를 참조한다.

팔[베이지, 2개]

1단: 매직링에 짧은뜨기 8코. [8코]
2단: 코늘리기 8회. [16코]
3~14단(12단): 각각의 코에 짧은뜨기 1코.
[16코]
15단: (코줄이기 1회, 짧은뜨기 6코)×2회.
[14코]
팔을 충전재로 가볍게 채운다.
팔을 핀으로 납작하게 고정하고 열린 부분
을 맞물려 코들을 나란히 맞춘다(16).
마주 보는 2코씩 짧은뜨기로 차례로 닫아
준다. [7코]
바느질할 실을 충분히 남기고 자른다(17).

16

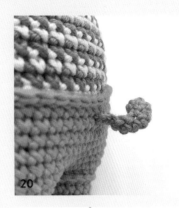

20

스카프

스카프(녹색, 2.75mm 코바늘)
사슬뜨기 61코, 바늘에서 두 번째 코에서 시작한다. 빼뜨기 1코, 짧은뜨기 1코, 긴뜨기 1코, 한길긴뜨기 1코, 긴뜨기 1코, 짧은뜨기 1코, 빼뜨기 5코, 짧은뜨기 1코, 긴뜨기 1코, 한길긴뜨기 34코, 긴뜨기 1코, 짧은뜨기 1코, 빼뜨기 5코, 짧은뜨기 1코, 긴뜨기 1코, 한길긴뜨기 1코, 긴뜨기 1코, 짧은뜨기 1코, 빼뜨기 1코. [60코]
실을 자르고 남은 실을 정리한다(18).

스카프 리본(주황)
사슬뜨기 10코, 바늘에서 세 번째 코에서 시작한다. 각각의 코에 긴뜨기 1코. [8코]
바느질할 실을 충분히 남기고 자른다(19).

꼬리(베이지)
사슬뜨기 9코, 바늘에서 두 번째 코에서 시작한다. (코늘리기 1회, 짧은뜨기 1코)×2회, 짧은뜨기 4코. [10코]
바느질할 실을 충분히 남기고 자른다.

연결하기
몸통의 6단, 뒤쪽 중앙에 꼬리를 연결한다(20).
몸통의 마지막 단 바로 아래에 두 팔을 연결한다(21).
몸통의 22단 뒤 반코에 머리를 연결하고 머리에 충전재를 꼼꼼히 채운 후 완전히 닫는다.
스카프를 몸통에 두르고 주황색 리본을 바느질해서 단다(22).

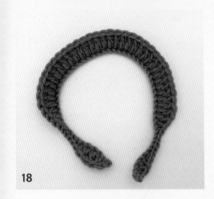

17

21

18

22

19

무당벌레 미셸 MICHEL

장미 정원의 주인인 미셸은 정원에 있는 모든 장미의 이름을 외우고 있고 장미에 새로운 공간을 마련해주려고 애쓴답니다. 미셸은 아침에 일어나서 장미 꽃잎에 맺힌 이슬로 만든 차를 마시는 걸 좋아해요. 하루를 시작하기에 이보다 더 아름다운 방법이 있을까요!

크기: 18cm

재료

• 기본 키트(10쪽 참조)
• 2.75mm 코바늘
• 7mm 나사눈 2개

실

• 해피코튼(DMC)
-767 파랑(1타래)
-773 베이지(1타래)
-775 검정(1타래)
-777 진갈색(1타래)
-791 빨강(1타래)
-776 갈색(조금)
-761 크림(조금)
• 철사(안경, 선택사항)

머리[베이지]

1단: 매직링에 짧은뜨기 8코. [8코]

2단: 코늘리기 8회. [16코]

3단: (짧은뜨기 1코, 코늘리기 1회)×8회. [24코]

4단: (짧은뜨기 2코, 코늘리기 1회)×8회. [32코]

5단: 짧은뜨기 1코, 코늘리기 1회, (짧은뜨기 3코, 코늘리기 1회)×7회, 짧은뜨기 2코. [40코]

6단: (짧은뜨기 4코, 코늘리기 1회)×8회. [48코]

7~10단(4단): 각각의 코에 짧은뜨기 1코. [48코]

11단: (짧은뜨기 7코, 코늘리기 1회)×6회. [54코]

12~15단(4단): 각각의 코에 짧은뜨기 1코. [54코]

16단: (짧은뜨기 8코, 코늘리기 1회)×6회. [60코]

17단: 각각의 코에 짧은뜨기 1코. [60코]

18단: (짧은뜨기 8코, 코줄이기 1회)×6회. [54코]

19단: 짧은뜨기 3코, 코줄이기 1회, (짧은뜨기 7코, 코줄이기 1회)×5회, 짧은뜨기 4코. [48코]

20단: (짧은뜨기 6코, 코줄이기 1회)×6회. [42코]

21단: 짧은뜨기 2코, 코줄이기 1회, (짧은뜨기 5코, 코줄이기 1회)×5회, 짧은뜨기 3코. [36코]

22단: (짧은뜨기 4코, 코줄이기 1회)×6회. [30코]

바느질할 실을 충분히 남기고 자른다.

머리의 13단과 14단 사이에 8코 간격으로 두 눈을 단다.

자수실로 양쪽 눈에서 2단 위에 눈썹을 수놓는다(**1**).

1

콧수염 [검정]

시작코로 사슬뜨기 5코, 바늘에서 두 번째 코에서 시작해서 빼뜨기 1코, 짧은뜨기 2코, 빼뜨기 1코. 사슬뜨기 4코, 바늘에서 두 번째 코에서 시작해서 빼뜨기 1코, 짧은뜨기 2코, 사슬뜨기 4코 뜬 코와 같은 코에 빼뜨기 1코(**2**).

더듬이 [검정, 2개]

1단: 매직링에 짧은뜨기 6코. [6코]
2단: (코늘리기 1회, 짧은뜨기 2코)×2회. [8코]
3단: 코줄이기 4회. [4코]
4~5단(2단): 앞 반코에만 뜬다. 각각의 코에 짧은뜨기 1코. [4코]
바느질할 실을 충분히 남기고 자른다(**3**).

모자 [검정]

1단: 매직링에 짧은뜨기 8코. [8코]
2단: 코늘리기 8회. [16코]
3단: (짧은뜨기 1코, 코늘리기 1회)×8회. [24코]
4단: (짧은뜨기 2코, 코늘리기 1회)×8회. [32코]
5단: 짧은뜨기 1코, 코늘리기 1회, (짧은뜨기 3코, 코늘리기 1회)×7회, 짧은뜨기 2코. [40코]
6단: (짧은뜨기 4코, 코늘리기 1회)×8회. [48코]
7~9단(3단): 각각의 코에 짧은뜨기 1코. [48코]
10단: 짧은뜨기 22코, 긴뜨기 1코, 다음 한 코에 {한길긴뜨기 1코, 사슬뜨기 1코, 한길긴뜨기 1코}, 긴뜨기 1코, 짧은뜨기 23코. [50코]
바느질할 실을 충분히 남기고 자른다(**4**).

머리 연결하기

갈색 자수실로 두 눈 사이, 14단과 15단 사이에 2코에 걸쳐 코를 수놓는다. 코 바로 아래, 16단쯤에 콧수염을 단다. 뺨에 불러셔를 바른다(**5**).
머리에 모자를 연결한다.
모자의 5단에 더듬이를 연결한다(**6**, **7**).

다리 [검정으로 시작, 2개]

1단: 매직링에 짧은뜨기 6코. [6코]
2단: 코늘리기 6회. [12코]
3단: (짧은뜨기 3코, 코늘리기 1회)×3회. [15코]
3단 끝에서 진갈색 실을 걸고 검은색 실은 자른다.
4단: 뒤 반코에만 뜬다. 각각의 코에 짧은뜨기 1코. [15코]
5~6단(2단): 각각의 코에 짧은뜨기 1코. [15코]
첫 번째 다리를 뜬 후에는 실을 자르지만, 두 번째 다리를 뜬 후에는 자르지 않고 두 다리를 연결하고 이어서 몸통을 뜨는 데 사용한다(**8**).

몸통 [진갈색으로 시작]

연결한 두 다리에 이어서 뜬다.
두 번째 다리에서 시작한다. 사슬뜨기 3코를 뜬 후 짧은뜨기 1코로 첫 번째 다리에 연결한다(19쪽 참조). 이 짧은뜨기 코는 몸통의 첫 코가 된다(**9**).
1단: 첫 번째 다리 각각의 코에 짧은뜨기 1코, 사슬뜨기 3코 각각에 짧은뜨기 1코, 두 번째 다리 각각의 코에 짧은뜨기 1코, 사슬뜨기 3코 각각의 다른 반코에 짧은뜨기 1코. [36코]
2단: 짧은뜨기 4코, 코늘리기 1회, (짧은뜨기 5코, 코늘리기 1회)×5회, 짧은뜨기 1코. [42코]

3~7단(5단): 각각의 코에 짧은뜨기 1코. [42코]
7단 끝에서 파란색 실을 걸고 진갈색 실은 자른다.
다리를 충전재로 채우기 시작하고 뜨개질하면서 보충한다.
8단: 뒤 반코에만 뜬다. 각각의 코에 짧은뜨기 1코. [42코]
9~10단(2단): 각각의 코에 짧은뜨기 1코. [42코]
11단: (짧은뜨기 12코, 코줄이기 1회)×3회. [39코]
12~13단(2단): 각각의 코에 짧은뜨기 1코. [39코]
13단 끝에서 갈색 실을 건다.
14단: (짧은뜨기 11코, 코줄이기 1회)×3회. [36코]
14단 끝에서 크림색 실을 건다.
15단: (크림-짧은뜨기 3코 / 진갈색-짧은뜨기 1코)×9회. [36코]
15단 끝에서 갈색 실을 걸고, 크림색 실과 진갈색 실은 자른다.
16단: 각각의 코에 짧은뜨기 1코. [36코]
16단 끝에서 파란색 실을 걸고 갈색 실은 자른다.
17단: 각각의 코에 짧은뜨기 1코. [36코]
18단: (짧은뜨기 4코, 코줄이기 1회)×6회. [30코]
19단: 각각의 코에 짧은뜨기 1코. [30코]
20단(네크라인): 앞 반코에만 뜬다. 각각의 코에 빼뜨기 1코. [30코]
실을 자르고 남은 실을 정리한다(**10**).

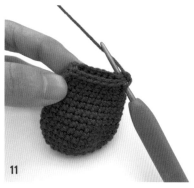

날개(빨강, 2개)

1단: 매직링에 짧은뜨기 8코. [8코]

2단: 코늘리기 8회. [16코]

3단: (짧은뜨기 1코, 코늘리기 1회)×8회. [24코]

4단: 각각의 코에 짧은뜨기 1코. [24코]

5단: (짧은뜨기 3코, 코늘리기 1회)×6회. [30코]

6~8단(3단): 각각의 코에 짧은뜨기 1코. [30코]

9단: (짧은뜨기 3코, 코줄이기 1회)×6회. [24코]

10~13단(4단): 각각의 코에 짧은뜨기 1코. [24코]

14단: (짧은뜨기 2코, 코줄이기 1회)×6회. [18코]

15~16단(2단): 각각의 코에 짧은뜨기 1코. [18코]

날개를 핀으로 납작하게 고정하고 열린 부분을 맞물려 코들을 나란히 맞춘다(11). 마주 보는 2코씩 짧은뜨기로 차례로 닫아준다. [9코]

바느질할 실을 충분히 남기고 자른다.

반점(검정, 7개)

매직링에 짧은뜨기 5코를 뜨고 빼뜨기 1코로 닫는다. [5코]

바느질할 실을 충분히 남기고 자른다.

한쪽 날개에 4개의 반점을, 다른 쪽 날개에 3개의 반점을 단다(12).

팔(베이지색으로 시작, 2개)

1단: 매직링에 짧은뜨기 6코. [6코]

2단: 코늘리기 6회. [12코]

3~4단(2단): 각각의 코에 짧은뜨기 1코. [12코]

4단 끝에 파란색 실을 걸고 베이지색 실은 자른다.

5~11단(7단):각각의 코에 짧은뜨기 1코. [12코]

팔을 충전재로 가볍게 채운다.

팔을 핀으로 납작하게 고정하고 열린 부분을 맞물려 코들을 나란히 맞춘다. 마주 보는 2코씩 짧은뜨기로 차례로 닫아준다. [6코]

바느질할 실을 충분히 남기고 자른다(13).

몸통 연결하기

몸통의 마지막 단에서 1단 아래에 팔을 연결한다. 시침핀으로 날개를 등에 고정하고 연결한다(14, 15, 16).

몸통의 19단 뒤 반코에 머리를 연결하고 머리에 충전재를 꼼꼼히 채운 후 완전히 닫는다.

주의

아이들을 위한 인형이라면 철사가 아이들을 다치게 할 위험이 있기 때문에 안경은 만들지 않는다.

안경

철사를 이용해서 안경을 만든다(17, 18, 19, 20, 21).

스컹크 밀카 MILKA

난이도
★★★

크기: 27cm

재료
• 기본 키트(10쪽 참조)
• 2.75mm 코바늘
• 8mm 나사눈 2개
• 10mm 단추 2개
• 분홍색 양모펠트(조금)
• 양모펠트 바늘

실
• 해피코튼(DMC)
　-775 검정(3타래)
　-761 크림(1타래)
　-764 분홍(1타래)
　-771 노랑(1타래)
　-772 카키(1타래)
　-773 베이지(1타래)
　-777 진갈색(1타래)

책 읽기를 사랑하는 작은 스컹크 밀카는 서점 가는 것을 무척 좋아해요. 모든 책은 밀카를 새로운 세계로 데려가고 많은 것을 가르쳐주거든요. 밀카의 방은 도서관 같답니다. 여러분을 위한 책도 분명 있을 거예요. 밀카와 함께 책을 읽어볼까요?

머리[검정으로 시작]
1단: 매직링에 짧은뜨기 6코. [6코]
2단: (코늘리기 1회, 짧은뜨기 1코)×3회. [9코]
3단: (짧은뜨기 2코, 코늘리기 1회)×3회. [12코]
4단: 짧은뜨기 1코, 코늘리기 1회, (짧은뜨기 3코, 코늘리기 1회)×2회, 짧은뜨기 2코. [15코]
5단: (짧은뜨기 4코, 코늘리기 1회)×3회. [18코]
6단: 각각의 코에 짧은뜨기 1코. [18코]
7단: (코늘리기 1회, 짧은뜨기 2코)×2회, 코늘리기 1회 / 크림-짧은뜨기 2코 / 검정-(코늘리기 1회, 짧은뜨기 2코)×3회. [24코]
8단: 짧은뜨기 8코, 코늘리기 2회 / 크림-코늘리기 2회 / 검정-코늘리기 2회, 짧은뜨기 10코. [30코]
9단: 짧은뜨기 12코 / 크림-짧은뜨기 4코 / 검정-짧은뜨기 14코. [30코]
10단: 짧은뜨기 8코, (짧은뜨기 1코, 코늘리기 1회)×2회 / 크림-(짧은뜨기 1코, 코늘리기 1회)×2회 / 검정-(짧은뜨기 1코, 코늘리기 1회)×2회, 짧은뜨기 10코. [36코]
11단: 짧은뜨기 14코 / 크림-짧은뜨기 6코 / 검정-짧은뜨기 16코. [36코]
12단: (짧은뜨기 5코, 코늘리기 1회)×2회, 짧은뜨기 2코 / 크림-짧은뜨기 3코, 코늘리기 1회, 짧은뜨기 2코 / 검정-짧은뜨기 3코, 코늘리기 1회, (짧은뜨기 5코, 코늘리

기 1회)×2회. [42코]
13단: 짧은뜨기 16코 / 크림-짧은뜨기 7코 / 검정-짧은뜨기 19코. [42코]
14단: (짧은뜨기 6코, 코늘리기 1회)×2회, 짧은뜨기 1코 / 크림-짧은뜨기 5코, 코늘리기 1회, 짧은뜨기 3코 / 검정-짧은뜨기 3코, 코늘리기 1회, (짧은뜨기 6코, 코늘리기 1회)×2회. [48코]
15단: 짧은뜨기 17코 / 크림-짧은뜨기 10코 / 검정-짧은뜨기 21코. [48코]
16단: (짧은뜨기 7코, 코늘리기 1회)×2회, 짧은뜨기 1코 / 크림-짧은뜨기 6코, 코늘리기 1회, 짧은뜨기 3코 / 검정-짧은뜨기 4코, 코늘리기 1회, (짧은뜨기 7코, 코늘리기 1회)×2회. [54코]
17단: 짧은뜨기 18코 / 크림-짧은뜨기 13코 / 검정-짧은뜨기 23코. [54코]
18단: (짧은뜨기 8코, 코늘리기 1회)×2회 / 크림-짧은뜨기 8코, 코늘리기 1회, 짧은뜨기 4코 / 검정-짧은뜨기 4코, 코늘리기 1회, (짧은뜨기 8코, 코늘리기 1회)×2회. [60코]
19~28단(10단): 짧은뜨기 20코, 크림-짧은뜨기 14코 / 검정-짧은뜨기 26코. [60코]
머리의 18단과 19단 사이 12번째 코와 13번째 코 사이, 42번째 코와 43번째 코 사이에 각각 눈을 단다.
머리를 충전재로 채우기 시작하고 뜨개질하면서 보충한다.
29단: (짧은뜨기 8코, 코줄이기 1회)×2회 / 크림-짧은뜨기 8코, 코줄이기 1회, 짧은뜨

기 4코 / 검정-짧은뜨기 4코, 코줄이기 1회,
(짧은뜨기 8코, 코줄이기 1회)×2회. [54코]

30단: 짧은뜨기 18코 / 크림-짧은뜨기 13코
/ 검정-짧은뜨기 23코. [54코]

31단: (짧은뜨기 7코, 코줄이기 1회)×2회 /
크림-짧은뜨기 7코, 코줄이기 1회, 짧은뜨
기 4코 / 검정-짧은뜨기 3코, 코줄이기 1회,
(짧은뜨기 7코, 코줄이기 1회)×2회. [48코]

32단: 짧은뜨기 16코, 크림-짧은뜨기 12코
/ 검정-짧은뜨기 20코. [48코]

33단: (짧은뜨기 6코, 코줄이기 1회)×2회 /
크림-짧은뜨기 6코, 코줄이기 1회, 짧은뜨
기 4코 / 검정-짧은뜨기 2코, 코줄이기 1회,
(짧은뜨기 6코, 코줄이기 1회)×2회. [42코]
33단 끝에서 크림색 실을 자르고 검은색
실로 계속 뜬다.

34단: 짧은뜨기 2코, 코줄이기 1회, (짧은뜨
기 5코, 코줄이기 1회)×5회, 짧은뜨기 3코.
[36코]

35단: (짧은뜨기 4코, 코줄이기 1회)×6회.
[30코]

36단: 짧은뜨기 1코, 코줄이기 1회, (짧은뜨
기 3코, 코줄이기 1회)×5회, 짧은뜨기 2코.
[24코]

37단: (짧은뜨기 2코, 코줄이기 1회)×6회.
[18코]

38단: (짧은뜨기 1코, 코줄이기 1회)×6회.
[12코]

39단: 코줄이기 6회. [6코]
머리를 충전재로 꼼꼼하게 채우고 남은 코
를 닫는다(1, 2).

머리털 타래

큰 타래(크림색으로 시작)

1단: 매직링에 짧은뜨기 6코. [6코]

2단: (코늘리기 1회, 짧은뜨기 2코)×2회.
[8코]

3단: (코늘리기 1회, 짧은뜨기 3코)×2회.
[10코]

4단: (코늘리기 1회, 짧은뜨기 4코)×2회.
[12코]

5단: (코늘리기 1회, 짧은뜨기 5코)×2회.
[14코]

6단: 코늘리기 1회 / 검정-짧은뜨기 1코 /
크림-짧은뜨기 5코, 코늘리기 1회, 짧은뜨
기 6코. [16코]

7단: 코늘리기 1회 / 검정-짧은뜨기 2코 /
크림-짧은뜨기 5코, 코늘리기 1회, 짧은뜨
기 7코. [18코]

8단: 코늘리기 1회 / 검정-짧은뜨기 3코 /
크림-짧은뜨기 5코, 코늘리기 1회, 짧은뜨
기 8코. [20코]

9단: 코늘리기 1회 / 검정-짧은뜨기 4코 /
크림-짧은뜨기 5코, 코늘리기 1회, 짧은뜨
기 9코. [22코]

10단: 코늘리기 1회 / 검정-짧은뜨기 5코 /
크림-짧은뜨기 5코, 코늘리기 1회, 짧은뜨
기 10코. [24코]

11~15단(5단): 짧은뜨기 2코 / 검정-짧은
뜨기 5코 / 크림-짧은뜨기 17코. [24코]

16단: 짧은뜨기 2코 / 검정-짧은뜨기 5코 /
크림-짧은뜨기 3코, 코줄이기 1회, 짧은뜨

기 10코, 코줄이기 1회. [22코]

17단: 짧은뜨기 2코 / 검정-짧은뜨기 5코 /
크림-짧은뜨기 15코. [22코]

18단: 짧은뜨기 2코 / 검정-짧은뜨기 5코 /
크림-짧은뜨기 2코, 코줄이기 1회, 짧은뜨
기 9코, 코줄이기 1회. [20코]

19~21단(3단): 짧은뜨기 2코 / 검정-짧은
뜨기 5코 / 크림-짧은뜨기 13코. [20코]
21단 끝에서 검은색 실을 자르고 크림색 실
로 계속 뜬다.
타래를 핀으로 납작하게 고정하고 열린 부
분을 맞물려 코들을 나란히 맞춘다(3). 마
주 보는 2코씩 짧은뜨기로 차례로 닫아준
다. [10코]
바느질할 실을 충분히 남기고 자른다(4).

작은 타래(크림색으로 시작)

1~10단(10단): 큰 타래를 뜬 것과 똑같이
뜬다.
10단 끝에서 검은색 실을 자르고 크림색

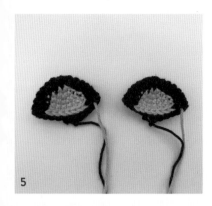

5

실로 계속 뜬다.

타래를 핀으로 납작하게 고정하고 열린 부분을 맞물려 코들을 나란히 맞춘다. 마주 보는 2코씩 짧은뜨기로 차례로 닫아준다. [12코]

바느질할 실을 충분히 남기고 자른다(4).

귀(검정으로 시작, 2개)

1단: 매직링에 짧은뜨기 8코. [8코]

2단: (코늘리기 1회, 짧은뜨기 1코)×4회. [12코]

3단: (짧은뜨기 1코, 코늘리기 1회)×2회 / 분홍-짧은뜨기 1코, 코늘리기 1회 / 검정-(짧은뜨기 1코, 코늘리기 1회)×3회. [18코]

4단: 짧은뜨기 1코, 코늘리기 1회, 짧은뜨기 2코, 코늘리기 1회 / 분홍-짧은뜨기 2코, 코늘리기 1회, 짧은뜨기 2코 / 검정-코늘리기 1회, (짧은뜨기 2코, 코늘리기 1회)×2회, 짧은뜨기 1코. [24코]

5~7단(3단): 짧은뜨기 7코 / 분홍-짧은뜨기 7코 / 검정-짧은뜨기 10코. [24코]

바느질할 실을 충분히 남기고 자른다(5).

주둥이(분홍)

1단: 매직링에 짧은뜨기 8코. [8코]

2단: (코늘리기 1회, 짧은뜨기 3코)×2회. [10코]

3단: 각각의 단에 짧은뜨기 1코. [10코]

바느질할 실을 충분히 남기고 자른다. 보이지 않게 사슬 연결한다(20쪽 참조).

머리 연결하기

머리의 1단과 3단 사이에 주둥이를 연결한다(6).

시침핀으로 작은 타래를 머리의 14단과 22단 사이 크림색 부분에 고정하고(7) 연결한다.

시침핀으로 작은 타래 위에 큰 타래를 고정하고 연결한다(8, 9, 10).

머리 양쪽의 30단과 36단 사이에 귀를 연결한다(11, 12, 13).

크림색 실로 양쪽 눈에서 2단 위에 눈썹을, 10단과 12단 사이에 입을 수놓는다(14, 15, 16).

양모펠트와 바늘로 양쪽 귀에서 1단 아래에 뺨을 만든다(17, 18).

다리[카키색으로 시작]

첫 번째 다리

시작코로 사슬뜨기 6코를 뜬다. 바늘에서 두 번째 사슬코에서 시작한다. 이 시작코를 중심으로 원형뜨기한다.

1단: 코늘리기 1회, 이어지는 사슬뜨기 3코 각각에 짧은뜨기 1코, 마지막 사슬코에 짧은뜨기 4코, 맞은편에 이어서 뜬다. 이어지는 사슬뜨기 3코 각각에 짧은뜨기 1코, 코늘리기 1회. [14코]

2단: 짧은뜨기 1코, 코늘리기 1회, 짧은뜨기 3코, 코늘리기 1회, 짧은뜨기 2코, 코늘리기 1회, 짧은뜨기 3코, 코늘리기 1회, 짧은뜨기 1코. [18코]

3단: 짧은뜨기 1코, 코늘리기 1회, 짧은뜨기 5코, 코늘리기 1회, 짧은뜨기 2코, 코늘리기 1회, 짧은뜨기 5코, 코늘리기 1회, 짧은뜨기 1코. [22코]

4단: (코늘리기 1회, 짧은뜨기 1코)×2회, 짧은뜨기 5코, (코늘리기 1회, 짧은뜨기 1코)×3회, 짧은뜨기 5코, 코늘리기 1회, 짧은뜨기 1코. [28코]

5단: 뒤 반코에만 뜬다. 각각의 코에 짧은뜨기 1코. [28코]

6단: 각각의 코에 짧은뜨기 1코. [28코]

7단: 짧은뜨기 12코, (코줄이기 1회, 짧은뜨기 1코)×3회, 짧은뜨기 7코. [25코]

8단: 짧은뜨기 8코, (코줄이기 1회, 짧은뜨기 1코)×4회, 짧은뜨기 5코. [21코]

9단: 짧은뜨기 7코, (코줄이기 1회, 짧은뜨기 1코)×3회, 짧은뜨기 5코. [18코]

10~11단(2단): 각각의 코에 짧은뜨기 1코. [18코]

12단: (짧은뜨기 5코, 코늘리기 1회)×3회. [21코]

13단: 각각의 코에 짧은뜨기 1코. [21코]

13단 끝에서 베이지색 실을 걸고 카키색 실은 몸통 바깥에 그대로 둔다. 카키색 실은 장화 디테일을 뜨는 데 사용한다(19).

14단: 뒤 반코에만 뜬다. (베이지-짧은뜨기 1코 / 진갈색-짧은뜨기 3코 / 베이지-짧은뜨기 1코 / 진갈색-짧은뜨기 1코, 코늘리기 1회)×3회. [24코]

15단: (베이지-짧은뜨기 1코 / 진갈색-짧은뜨기 3코)×6회. [24코]

16단: (베이지-짧은뜨기 1코 / 진갈색-짧은뜨기 3코 / 베이지-짧은뜨기 1코 / 진갈색-짧은뜨기 2코, 코늘리기 1회)×3회. [27코]

장화 디테일

다리를 거꾸로 놓고 13단의 앞 반코에만 뜬다. 단의 마지막 코에 바늘을 넣어 카키색 실을 걸고(20) 단 끝까지 각각의 코에 빼뜨기 1코씩 뜬다. 실을 자르고 남은 실을 정리한다.

4단의 앞 반코에만 뜬다. 단의 마지막 코에 바늘을 넣어 카키색 실을 걸고(21) 단 끝까지 각각의 코에 빼뜨기 1코씩 뜬다. 실을 자르고 남은 실을 정리한다(22).

20

21

22

18

19

17단: (베이지-짧은뜨기 1코 / 진갈색-짧은뜨기 3코 / 베이지-짧은뜨기 1코 / 진갈색-짧은뜨기 4코)×2회, 베이지-짧은뜨기 1코 / 진갈색-짧은뜨기 1코. [20코]

17단은 여기서 멈추고 나머지 7코는 그대로 둔다.

실을 자르고 남은 실을 정리한다. 다리를 충전재로 채운다.

장화 디테일은 앞 페이지의 박스를 참조한다.

두 번째 다리

1~16단(16단): 첫 번째 다리와 똑같이 뜬다.

17단: (베이지-짧은뜨기 1코 / 진갈색-짧은뜨기 3코 / 베이지-짧은뜨기 1코 / 진갈색-짧은뜨기 4코)×3회. [27코]

18단: 베이지-짧은뜨기 1코 / 진갈색-짧은뜨기 3코 / 베이지-짧은뜨기 1코 / 진갈색-짧은뜨기 2코. [7코]

18단은 여기서 멈추고 나머지 20코는 그대로 둔다.

마지막 단을 뜬 후 실은 자르지 않고 두 다리를 연결하고 이어서 몸통을 뜨는 데 사용한다(23).

몸통[베이지색으로 시작]

연결한 두 다리에 이어서 뜬다.

두 번째 다리에서 시작한다. 짧은뜨기 1코로 첫 번째 다리에 연결한다(19쪽 참조). 이 짧은뜨기 코는 몸통의 첫 코가 된다(24).

1단: 첫 번째 다리 각각의 코에 짧은뜨기

1코, 두 번째 다리 각각의 코에 짧은뜨기 1코. [54코]

2~4단(3단): 진갈색-짧은뜨기 2코, (베이지-짧은뜨기 1코 / 진갈색-짧은뜨기 4코 / 베이지-짧은뜨기 1코 / 진갈색-짧은뜨기 3코)×3회, (베이지-짧은뜨기 1코 / 진갈색-짧은뜨기 3코 / 베이지-짧은뜨기 1코 / 진갈색-짧은뜨기 4코)×2회, 베이지-짧은뜨기 1코 / 진갈색-짧은뜨기 3코 / 베이지-짧은뜨기 1코 / 진갈색-짧은뜨기 2코. [54코]

5단: 베이지-각각의 코에 짧은뜨기 1코. [54코]

6~8단(3단): 2~4단과 똑같이 뜬다. [54코]

9단: 베이지-각각의 코에 짧은뜨기 1코. [54코]

10~12단(3단): 2~4단과 똑같이 뜬다. [54코]

13단: 베이지-짧은뜨기 5코, (코줄이기 1회, 짧은뜨기 7코)×3회, 짧은뜨기 2코, (코줄이기 1회, 짧은뜨기 7코)×2회, 코줄이기 1회. [48코]

14~16단(3단): 진갈색-짧은뜨기 2코, (베이지-짧은뜨기 1코 / 진갈색-짧은뜨기 3코)×11회, 베이지-짧은뜨기 1코 / 진갈색-짧은뜨기 1코. [48코]

16단 끝에서 진갈색 실을 자르고 베이지색 실로 이어서 뜬다.

몸통을 충전재로 채우기 시작하고 뜨개질하면서 보충한다.

17단: 각각의 코에 짧은뜨기 1코. [48코]

17단 끝에서 노란색 실을 걸고 베이지색 실은 몸통 바깥에 그대로 둔다. 베이지색 실

은 바지 디테일을 뜨는 데 사용한다(25).

18단: 뒤 반코에만 뜬다. (짧은뜨기 6코, 코줄이기 1회)×6회. [42코]

19~26단(8단): 각각의 코에 짧은뜨기 1코. [42코]

27단: (짧은뜨기 5코, 코줄이기 1회)×6회. [36코]

28~30단(3단): 각각의 코에 짧은뜨기 1코. [36코]

31단: (짧은뜨기 4코, 코줄이기 1회)×6회. [30코]

바느질할 실을 충분히 남기고 자른다.

바지 디테일은 다음 페이지의 박스를 참조한다.

팔[검정으로 시작, 2개]

1단: 매직링에 짧은뜨기 7코. [7코]

2단: 코늘리기 7회. [14코]

팔을 충전재로 채우기 시작하고 뜨개질하면서 보충한다.

3~16단(14단): 각각의 코에 짧은뜨기 1코. [14코]

16단 끝에 노란색 실을 걸고 검은색 실은 자른다.

17단: 뒤 반코에만 뜬다. 각각의 코에 짧은뜨기 1코. [14코]

18~21단(4단): 각각의 코에 짧은뜨기 1코. [14코]

팔을 핀으로 납작하게 고정하고 열린 부분을 맞물려 코들을 나란히 맞춘다(28). 마주 보는 2코씩 짧은뜨기로 차례로 닫아준

바지 디테일

몸통을 거꾸로 놓고 17단 앞 반코에만 뜬다. 단의 마지막 코에 바늘을 넣어 베이지색 실을 걸고(26) 단 끝까지 각각의 코에 빼뜨기 1코씩 뜬다. 실을 자르고 남은 실을 정리한다(27).

26

27

다. [7코]
바느질할 실을 충분히 남기고 자른다.
소매 디테일은 옆의 박스를 참조한다.

꼬리[크림색으로 시작]

1단: 매직링에 짧은뜨기 8코. [8코]
2단: 코늘리기 8회. [16코]
3단: (짧은뜨기 1코, 코늘리기 1회)×8회. [24코]
4단: (짧은뜨기 2코, 코늘리기 1회)×7회 / 검정-짧은뜨기 2코, 코늘리기 1회. [32코]
5단: 짧은뜨기 1코, 코늘리기 1회, 짧은뜨기 2코 / 크림-짧은뜨기 1코, 코늘리기 1회, 짧은뜨기 3코, 코늘리기 1회, 짧은뜨기 2코 /

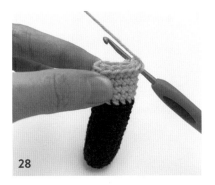

28

검정-짧은뜨기 1코, 코늘리기 1회, 짧은뜨기 3코, 코늘리기 1회, 짧은뜨기 2코 / 크림-짧은뜨기 1코, 코늘리기 1회, 짧은뜨기 3코, 코늘리기 1회, 짧은뜨기 1코 / 검정-짧은뜨기 2코, 코늘리기 1회, 짧은뜨기 2코. [40코]
6단: 코늘리기 1회, 짧은뜨기 4코, 코늘리기 1회 / 크림-짧은뜨기 4코, 코늘리기 1회, 짧은뜨기 3코 / 검정-짧은뜨기 1코, 코늘리기 1회, (짧은뜨기 4코, 코늘리기 1회)×2회 / 크림-짧은뜨기 4코, 코늘리기 1회, 짧은뜨기 2코 / 검정-짧은뜨기 2코, 코늘리기 1회, 짧은뜨기 4코. [48코]
7~13단(7단): 짧은뜨기 8코 / 크림-짧은뜨기 9코 / 검정-짧은뜨기 15코 / 크림-짧은뜨기 8코 / 검정-짧은뜨기 8코. [48코]
24코를 건너뛰어 꼬리를 두 부분으로 분리한다.

꼬리 시작부분

14단: 24코 건너뛰기(31), 검정-짧은뜨기 8코 / 크림-짧은뜨기 8코 / 검정-짧은뜨기 8코. [24코]
15~16단(2단): 짧은뜨기 8코 / 크림-짧은뜨기 8코 / 검정-짧은뜨기 8코. [24코]
17단: 짧은뜨기 4코, 코줄이기 1회, 짧은뜨기 2코 / 크림-짧은뜨기 2코, 코줄이기 1회, 짧은뜨기 4코 / 검정-코줄이기 1회, 짧은뜨기 4코, 코줄이기 1회. [20코]
18단: 짧은뜨기 8코 / 크림-짧은뜨기 5코 / 검정-짧은뜨기 7코. [20코]
19단: 짧은뜨기 3코, 코줄이기 1회, 짧은뜨기 3코 / 크림-코줄이기 1회, 짧은뜨기 3코

소매 디테일

팔을 거꾸로 놓고 16단 앞 반코에만 뜬다. 단의 마지막 코에 바늘을 넣어 노란색 실을 걸고(29) 사슬뜨기 1코, 각각의 코에 짧은뜨기 1코, 빼뜨기 1코로 닫기. [14코] 실을 자르고 남은 실을 정리한다(30).

29

30

31

/ 검정-코줄이기 1회, 짧은뜨기 3코, 코줄이기 1회. [16코]
20단: 짧은뜨기 8코 / 크림-짧은뜨기 2코 / 검정-짧은뜨기 6코. [16코]
20단 끝에서 크림색 실을 자르고 검은색 실로 계속 뜬다.

32

33

34

35

36

21단 : (짧은뜨기 2코, 코줄이기 1회)×4회. [12코]

22단 : 각각의 코에 짧은뜨기 1코. [12코]

23단 : 코줄이기 6회. [6코]

실을 자르고 남은 코를 닫는다. 꼬리 시작부분을 끝부분에 연결하기 위해 시작부분에 실을 남겨둔다.

꼬리를 충전재로 채운다(32).

꼬리 끝부분

검은색 실을 13단의 남아 있는 부분에 연결한다(33).

14~15단(2단) : 짧은뜨기 9코 / 크림-짧은뜨기 7코, / 검정-짧은뜨기 8코. [24코]

16~17단(2단) : 짧은뜨기 10코 / 크림-짧은뜨기 5코 / 검정-짧은뜨기 9코. [24코]

18~19단(2단) : 짧은뜨기 11코 / 크림-짧은뜨기 3코 / 검정-짧은뜨기 10코. [24코]

19단 끝에서 크림색 실을 자르고 검은색 실로 계속 뜬다.

꼬리를 충전재로 채우기 시작하고 뜨개질하면서 보충한다.

20~21단(2단) : 각각의 코에 짧은뜨기 1코. [24코]

22단 : (짧은뜨기 4코, 코줄이기 1회)×4회. [20코]

23~28단(6단) : 각각의 코에 짧은뜨기 1코. [20코]

29단 : (짧은뜨기 3코, 코줄이기 1회)×4회. [16코]

30단 : 짧은뜨기 7코. [7코]

30단은 여기서 멈추고 나머지 9코는 그대로 둔다.

꼬리를 핀으로 납작하게 고정하고 열린 부분을 맞물려 코들을 나란히 맞춘다. 마주 보는 2코씩 짧은뜨기로 차례로 닫아준다. [8코]

바느질할 실을 충분히 남기고 자른다.

꼬리 끝부분을 시작부분에 연결한다(34, 35).

멜빵(진갈색)

시작코로 사슬뜨기 7코를 뜬다. 바늘에서 두 번째 코에서 시작해서 짧은뜨기 6코 (36), 사슬뜨기 31코를 뜨고 바늘에서 여섯 번째 코에서 시작한다. 이곳은 첫 번째 단추를 끼우는 구멍이 된다(37). 빼뜨기 26코, 시작 사슬코 각각의 코에 짧은뜨기 1코(38). 사슬뜨기 31코를 뜨고 바늘에서 여섯 번째 코에서 시작한다. 이곳은 두 번째 단추를 끼우는 구멍이 된다(39). 빼뜨기 26코, 시작 사슬코의 다른 반코에 이어서(40) 각각의 코에 짧은뜨기 1코.

바느질할 실을 충분히 남기고 자른다(41).

연결하기

바지의 마지막 단 뒤쪽 중앙에 멜빵의 끝부분을 연결한다(42).

몸통의 마지막 단에서 2단 아래에 팔을 연결한다(43).

카키색 실로 몸통 앞면에 단추를 수놓는다(44).

바지에 단추를 달고 멜빵을 연결한다(45).

시침핀으로 머리의 12단에서 28단을 몸통에 고정하고(46) 몸통 마지막 단의 뒤 반코에 머리를 연결한다(47).

몸통의 5단과 16단 사이, 뒤쪽 중앙에 꼬리를 연결한다(48).

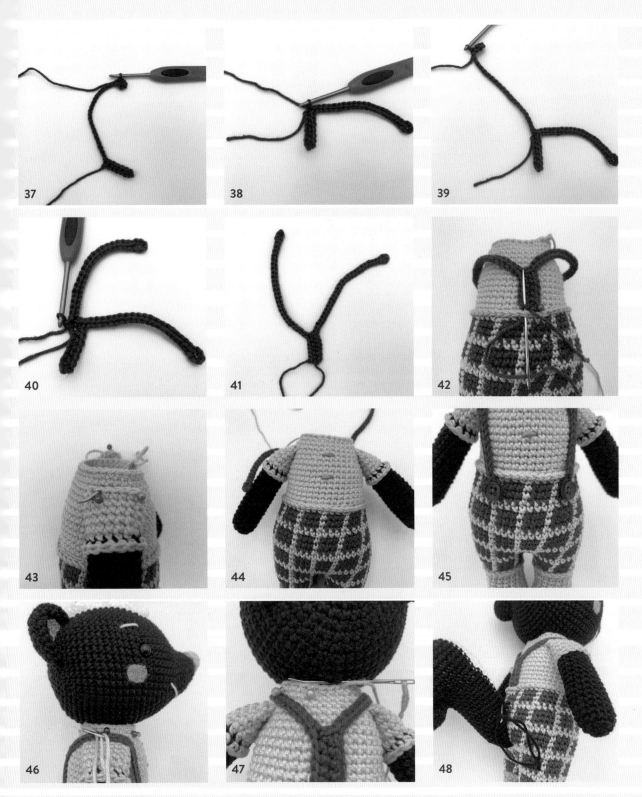

원숭이 밀로스 MILOS

난이도
**

크기: 24cm

재료
- 기본 키트(10쪽 참조)
- 2.25mm 코바늘
- 6mm 나사눈 2개

실
- 네추라 저스트코튼(DMC)
  - N11 검정(1타래)
  - N22 갈색(1타래)
  - N36 크림(1타래)
  - N56 파랑(1타래)
  - N34 빨강(조금)
- 울리(DMC)
  - 045 분홍(1타래)
- 검은색 자수실

밀로스는 축구를 좋아해요. 수요일마다 경기장에서 친구들과 하는 축구 경기를 손꼽아 기다린답니다. 정글 축구팀의 프로 축구선수가 되는 게 꿈이에요!

머리와 몸통[갈색으로 시작]
1단: 매직링에 짧은뜨기 8코. [8코]
2단: 코늘리기 8회. [16코]
3단: (짧은뜨기 1코, 코늘리기 1회)×8회. [24코]
4단: (짧은뜨기 2코, 코늘리기 1회)×8회. [32코]
5단: 짧은뜨기 1코, 코늘리기 1회, (짧은뜨기 3코, 코늘리기 1회)×7회, 짧은뜨기 2코. [40코]
6단: (짧은뜨기 4코, 코늘리기 1회)×8회. [48코]
7~10단(4단): 각각의 코에 짧은뜨기 1코. [48코]
11단: (짧은뜨기 7코, 코늘리기 1회)×6회. [54코]
12단: 짧은뜨기 19코 / 크림-짧은뜨기 5코 / 갈색-짧은뜨기 4코 / 크림-짧은뜨기 5코 / 갈색-짧은뜨기 21코. [54코]
13단: 짧은뜨기 18코 / 크림-짧은뜨기 7코 / 갈색-짧은뜨기 2코 / 크림-짧은뜨기 7코 / 갈색-짧은뜨기 20코. [54코]
14~16단(3단): 짧은뜨기 17코 / 크림-짧은뜨기 18코 / 갈색-짧은뜨기 19코. [54코]
17단: 짧은뜨기 15코 / 크림-(코늘리기 1회, 짧은뜨기 2코)×3회, 짧은뜨기 4코, (짧은뜨기 2코, 코늘리기 1회)×3회 / 갈색-짧은뜨기 17코. [60코]
18~22단(5단): 짧은뜨기 14코 / 크림-짧은뜨기 30코 / 갈색-짧은뜨기 16코. [60코]
23단: 짧은뜨기 14코 / 크림-짧은뜨기 1코, (코줄이기 1회, 짧은뜨기 2코)×3회, 짧은뜨기 4코, (짧은뜨기 2코, 코줄이기 1회)×3회, 짧은뜨기 1코 / 갈색-짧은뜨기 16코. [54코]
24단: 짧은뜨기 7코, 코줄이기 1회, 짧은뜨기 5코 / 크림-짧은뜨기 2코, 코줄이기 1회, (짧은뜨기 7코, 코줄이기 1회)×2회, 짧은뜨기 2코 / 갈색-짧은뜨기 5코, 코줄이기 1회, 짧은뜨기 7코, 코줄이기 1회. [48코]
25단: 짧은뜨기 3코, 코줄이기 1회, 짧은뜨기 6코, 코줄이기 1회 / 크림-(짧은뜨기 6코, 코줄이기 1회)×2회, 짧은뜨기 5코 / 갈색-짧은뜨기 1코, 코줄이기 1회, 짧은뜨기 6코, 코줄이기 1회, 짧은뜨기 3코. [42코]
머리의 16단과 17단 사이에 6코 간격으로 두 눈을 단다. 두 눈은 크림색 부분에 위치해야 한다.
머리를 충전재로 채우기 시작하고 몸통 끝까지 뜨개질하면서 보충한다.
26단: 짧은뜨기 5코, 코줄이기 1회, 짧은뜨기 4코 / 크림-짧은뜨기 1코, 코줄이기 1회, (짧은뜨기 5코, 코줄이기 1회)×2회, 짧은뜨기 2코 / 갈색-짧은뜨기 3코, 코줄이기 1회, 짧은뜨기 5코, 코줄이기 1회. [36코]
27단: 짧은뜨기 2코, 코줄이기 1회, 짧은뜨기 4코, 코줄이기 1회 / 크림-(짧은뜨기 4코, 코줄이기 1회)×2회, 짧은뜨기 4코 / 갈색-코줄이기 1회, 짧은뜨기 4코, 코줄이기 1회, 짧은뜨기 2코. [30코]
27단 끝에서 파란색 실을 걸고 갈색과 크림색 실은 자른다.
28단: 각각의 코에 빼뜨기 1코. [30코]
29단: 각각의 코에 짧은뜨기 1코. [30코]
30단: (짧은뜨기 5코, 코늘리기 1회)×5회.

1

[35코]

31~34단(4단): 각각의 코에 짧은뜨기 1코. [35코]

35단: (짧은뜨기 6코, 코늘리기 1회)×5회. [40코]

36~39단(4단): 각각의 코에 짧은뜨기 1코. [40코]

40단: (짧은뜨기 4코, 코늘리기 1회)×8회. [48코]

41~44단(4단): 각각의 코에 짧은뜨기 1코. [48코]

45단: (짧은뜨기 4코, 코줄이기 1회)×8회. [40코]

46단: 각각의 코에 짧은뜨기 1코. [40코]

47단: (짧은뜨기 3코, 코줄이기 1회)×8회. [32코]

48단: (짧은뜨기 2코, 코줄이기 1회)×8회. [24코]

49단: (짧은뜨기 1코, 코줄이기 1회)×8회. [16코]

50단: 코줄이기 8회. [8코]

몸통을 충전재로 꼼꼼하게 채운다. 남은 코를 닫는다.

검은색 자수실로 18단에 코를, 19단과 21단 사이에 입을 수놓는다(1).

다리(검정으로 시작, 2개)

1단: 매직링에 짧은뜨기 8코. [8코]

2단: 코늘리기 8회. [16코]

3단: 짧은뜨기 1코, 코늘리기 1회, 짧은뜨기 4코, 코늘리기 4회, 짧은뜨기 4코, 코늘리기 1회, 짧은뜨기 1코. [22코]

4단: 뒤 반코에만 뜬다. 각각의 코에 짧은뜨기 1코. [22코]

5~6단(2단): 각각의 코에 짧은뜨기 1코. [22코]

다리를 충전재로 채우기 시작하고 뜨개질하면서 보충한다.

7단: 짧은뜨기 7코, 코줄이기 4회, 짧은뜨기 7코. [18코]

8단: 각각의 코에 짧은뜨기 1코. [18코]

9단: 짧은뜨기 5코, 코줄이기 4회, 짧은뜨기 5코. [14코]

10단: 짧은뜨기 6코, 코줄이기 1회, 짧은뜨기 6코. [13코]

10단 끝에서 크림색 실을 걸고 검은색 실은 다리 바깥에 그대로 둔다. 검은색 실은 신발 디테일을 뜨는 데 사용한다(2).

11단: 뒤 반코에만 뜬다. 각각의 코에 짧은뜨기 1코. [13코]

12~15단(4단): 각각의 코에 짧은뜨기 1코. [13코]

15단 끝에서 갈색 실을 걸고, 크림색 실은 다리 바깥에 그대로 둔다. 크림색 실은 양말 디테일을 뜨는 데 사용한다(3).

16단: 뒤 반코에만 뜬다. 짧은뜨기 6코, 코줄이기 1회, 짧은뜨기 5코. [12코]

17~33단(17단): 각각의 코에 짧은뜨기 1코. [12코]

34단: 각각의 코에 짧은뜨기 1코. 다리 뒤쪽 중앙에서 끝낸다(4).

다리를 핀으로 납작하게 고정하고 열린 부분을 맞물려 코들을 나란히 맞춘다(5). 마주 보는 2코씩 짧은뜨기로 차례로 닫아준다. [6코]

바느질할 실을 충분히 남기고 자른다.

2

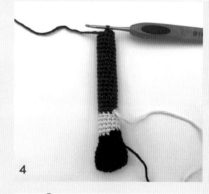

4

3

5

신발과 양말 디테일은 다음의 박스들을 참조한다.

신발 디테일

다리를 거꾸로 놓고 10단 앞 반코에만 뜬다. 단의 마지막 코에 바늘을 넣어 검은색 실을 걸고(6) 단 끝까지 각각의 코에 빼뜨기 1코씩 뜬다. 실을 자르고 남은 실을 정리한다.

양말 디테일

다리를 거꾸로 놓고 15단 앞 반코에만 뜬다. 단의 마지막 코에 바늘을 넣어 크림색 실을 걸고(7) 단 끝까지 각각의 코에 빼뜨기 1코씩 뜬다. 실을 자르고 크림색 실로 신발끈을 수놓는다(8). 남은 실을 정리한다(9).

팔[갈색으로 시작, 2개]
1단: 매직링에 짧은뜨기 6코. [6코]]
2단: 코늘리기 6회. [12코]
팔을 충전재로 채우기 시작하고 뜨개질하면서 보충한다.
3~17단(15단): 각각의 코에 짧은뜨기 1코. [12코]
17단 끝에서 파란색 실을 걸고 갈색 실은 자른다.
18단: 뒤 반코에만 뜬다. 각각의 코에 짧은뜨기 1코. [12코]
19~22단(4단): 각각의 코에 짧은뜨기 1코. [12코]
23단: (코줄이기 1회, 짧은뜨기 4코)×2회. [10코]
팔을 핀으로 납작하게 고정하고 열린 부분을 맞물려 코들을 나란히 맞춘다. 마주 보는 2코씩 짧은뜨기로 차례로 닫아준다. [5코]
바느질할 실을 충분히 남기고 자른다.
소매 디테일은 다음 페이지의 박스를 참조한다.

귀[갈색, 2개]
1단: 매직링에 짧은뜨기 8코. [8코]
2단: 코늘리기 8회. [16코]
3단: (짧은뜨기 3코, 코늘리기 1회)×4회. [20코]
4단: 각각의 코에 짧은뜨기 1코. [20코]
5단: (짧은뜨기 4코, 코늘리기 1회)×4회. [24코]
6단: 각각의 코에 짧은뜨기 1코. [24코]
바느질할 실을 충분히 남기고 자른다(12).

소매 디테일

17단의 앞 반코에만 뜬다. 단의 마지막 코에 바늘을 넣어 파란색 실을 걸고(10) 단 끝까지 각각의 코에 빼뜨기 1코씩 뜬다. 실을 자르고 남은 실을 정리한다(11).

꼬리 [갈색]

1단: 매직링에 짧은뜨기 8코. [8코]
2단: (코늘리기 1회, 짧은뜨기 3코)×2회. [10코]
꼬리를 충전재로 채우기 시작하고 뜨개질하면서 보충한다.
3단: 코늘리기 1회, 짧은뜨기 3코, 코줄이기 1회, 짧은뜨기 4코. [10코]
4단: 각각의 코에 짧은뜨기 1코. [10코]
5~24단(20단): 3~4단을 10회 반복한다.
25~44단(20단): 각각의 코에 짧은뜨기 1코. [10코]
바느질할 실을 충분히 남기고 자른다(12).

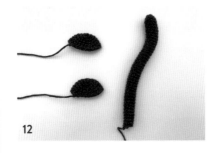

머리털 [갈색]

시작코로 사슬뜨기 11코를 뜬다. 바늘에서 두 번째 사슬코에서 시작해서 코늘리기 1회, (짧은뜨기 1코, 코늘리기 1회)×2회, 빼뜨기 1코(첫 번째 타래). 빼뜨기 1코, 사슬뜨기 6코, 바늘에서 두 번째 코에서 시작해서 코늘리기 1회, (짧은뜨기 1코, 코늘리기 1회)×2회, 빼뜨기 1코(두 번째 타래). 빼뜨기 1코, 사슬뜨기 6코, 바늘에서 두 번째 코에서 시작해서 코늘리기 1회, (짧은뜨기 1코, 코늘리기 1회)×2회, 빼뜨기 1코(세 번째 타래). 바느질할 실을 충분히 남기고 자른다(13).

칼라 [파랑]

시작코로 사슬뜨기 19코를 뜬다. 바늘에서 두 번째 사슬코에서 시작해서 짧은뜨기 2코, 긴뜨기 2코, 한길긴뜨기 3코, 사슬뜨기 3코, 빼뜨기 3코, 사슬뜨기 3코, 한길긴뜨기 3코, 긴뜨기 2코, 짧은뜨기 2코. [24코]
바느질할 실을 충분히 남기고 자른다(14).

연결하기

시침핀으로 머리의 12단과 18단 사이에 귀를 고정하고 연결한다(15, 16).
몸통의 38단에 다리를 연결한다(17).
머리에서 1단 아래에 팔을 연결한다(18, 19).
몸통의 38단과 39단 사이, 뒤쪽 중앙에 꼬리를 연결한다(20).
뺨에 블러셔를 바른다.
머리 바로 아래 몸통에 칼라를 연결한다(21).
시침핀으로 머리 위에 머리털을 고정하고 연결한다(22).

멜빵 바지

바지의 다리 부분 [분홍으로 시작, 2개]

시작코로 사슬뜨기 24코를 뜨고 빼뜨기 1코로 닫은 다음 사슬뜨기 1코를 뜬다(23).
1~2단: 각각의 코에 짧은뜨기 1코. [24코]
3단: (분홍-짧은뜨기 2코 / 빨강-짧은뜨기 1코)×8회. [24코]
2단 끝에서 빨간색 실을 자르고 분홍색 실로 계속 뜬다.
4~9단(6단): 각각의 코에 짧은뜨기 1코. [24코]
첫 번째 다리를 뜬 후에는 실을 자르지만, 두 번째 다리를 뜬 후에는 자르지 않고 두 다리를 연결하고 이어서 바지의 밑위 부분을 뜨는 데 사용한다(24).

25

29

30

바지의 밑위 부분(분홍)

두 번째 다리에서 시작한다. 짧은뜨기 1코로 첫 번째 다리에 연결한다(19쪽 참조). 이 짧은뜨기 코는 몸통의 첫 코가 된다(**25**).

1단: 첫 번째 다리 각각의 코에 짧은뜨기 1코, 두 번째 다리 각각의 코에 짧은뜨기 1코. [48코]

2~7단(6단): 각각의 코에 짧은뜨기 1코. [48코]

8단: 짧은뜨기 46코. [46코]

8단은 여기서 멈추고 나머지 2코는 그대로 둔다.

9단: 사슬뜨기 6코, 6코 건너뛰기. 이곳은 꼬리가 통과하는 구멍이 된다(**26**). 짧은뜨기 42코, 사슬뜨기 6코 각각에 짧은뜨기 1코. [48코] 9단은 여기서 멈추고 단코 표시링을 건다.

10단: 각각의 코에 짧은뜨기 1코. [48코] 멜빵을 뜰 실을 충분히 남기고 자른다. 보이지 않게 사슬 연결한다(20쪽 참조).

26

바지의 가슴받이

앞면 중앙 12코를 알아볼 수 있게 그 양옆을 표시한다(**27**). 사슬코에서 시작해서 왕복뜨기한다. 각 단의 첫 사슬코는 콧수로 세지 않는다.

분홍색 실을 표시된 첫 번째 코에 연결한다(**28**).

1열: 사슬뜨기 1코, 표시된 곳까지 각각의 코에 짧은뜨기 1코(**29**), 편물을 뒤집는다. [12코]

27

28

2열: 사슬뜨기 1코, 각각의 코에 짧은뜨기 1코, 편물을 뒤집는다. [12코]

3열: 사슬뜨기 1코, 사슬코의 첫 코 건너뛰기, 짧은뜨기 11코, 편물을 뒤집는다. [11코]

4열: 사슬뜨기 1코, 각각의 코에 짧은뜨기 1코, 편물을 뒤집는다. [11코]

5열: 사슬뜨기 1코, 사슬코의 첫 코 건너뛰기, 짧은뜨기 10코, 편물을 뒤집는다. [10코]

6열: 사슬뜨기 1코, 각각의 코에 짧은뜨기 1코, 편물을 뒤집는다. [10코]

6열 끝에서 끝내지 않고 멜빵을 이어서 뜬다.

멜빵[분홍]

시작코로 사슬뜨기 24코를 뜬다(**30**). 바늘에서 두 번째 사슬코에 시작해서 각각의 코에 빼뜨기 1코(첫 번째 멜빵). 바지의 가슴받이에서 시작해서(**31**) 짧은뜨기 7코, 사슬뜨기 24코(**32**). 바늘에서 두 번째 사슬코에서 시작해서 각각의 코에 빼뜨기 1코(두 번째 멜빵), 마지막 코에 빼뜨기 1코(**33**). 실을 자른다.

바지 몸통의 분홍색 실로 멜빵을 바지의 뒤쪽 중간에 연결한다(**34, 35, 36**).

31

35

36

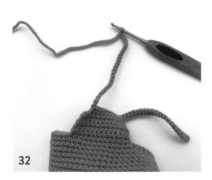

32

33

34

오리너구리 오니 ONNI

여러분은 어떤 계절을 좋아해요? 오리너구리 오니는 당연히 여름이라고 대답할 거예요. 계곡에서 아이스크림을 먹고 시원하게 물놀이를 즐기고 친구들과 함께 좋아하는 노래를 부를 수 있으니까요.

크기: 18cm

재료
- 기본 키트(10쪽 참조)
- 2.75mm 코바늘
- 6mm 나사눈 2개

실
- 해피코튼(DMC)
  - -761 크림(1타래)
  - -767 파랑(1타래)
  - -769 분홍(1타래)
  - -771 노랑(1타래)
  - -780 녹색(1타래)
- 100% 베이비코튼(DMC)
  - -757 회색(1타래)
- 울리(DMC)
  - -083 카키(1타래)
- 네추라 저스트코튼(DMC)
  - -N47 주황(조금)
  - -N81 베이지(조금)
- 갈색과 검은색 자수실

머리와 몸통 [회색으로 시작]

1단: 매직링에 짧은뜨기 8코. [8코]

2단: 코늘리기 8회. [16코]

3단: (짧은뜨기 1코, 코늘리기 1회)×8회. [24코]

4단: (짧은뜨기 2코, 코늘리기 1회)×8회. [32코]

5단: 짧은뜨기 1코, 코늘리기 1회, (짧은뜨기 3코, 코늘리기 1회)×7회, 짧은뜨기 2코. [40코]

6단: (짧은뜨기 4코, 코늘리기 1회)×8회. [48코]

7단: 각각의 코에 짧은뜨기 1코. [48코]

8단: (짧은뜨기 5코, 코늘리기 1회)×8회. [56코]

9~12단(4단): 각각의 코에 짧은뜨기 1코. [56코]

13단: (짧은뜨기 6코, 코늘리기 1회)×8회. [64코]

14~17단(4단): 각각의 코에 짧은뜨기 1코. [64코]

18단: (짧은뜨기 7코, 코늘리기 1회)×8회. [72코]

19단: 각각의 코에 짧은뜨기 1코. [72코]

20단: (짧은뜨기 7코, 코줄이기 1회)×8회. [64코]

21단: 각각의 코에 짧은뜨기 1코. [64코]

22단: (짧은뜨기 6코, 코줄이기 1회)×8회. [56코]

23단: 각각의 코에 짧은뜨기 1코. [56코]

머리의 14단과 15단 사이에 9코 간격으로 두 눈을 단다.

머리를 충전재로 채우기 시작하고 몸통 끝까지 뜨개질하면서 보충한다.

24단: (짧은뜨기 5코, 코줄이기 1회)×8회. [48코]

24단 끝에서 크림색 실을 걸고 회색 실은 자른다.

25단: 각각의 코에 빼뜨기 1코. [48코]

26단: 각각의 코에 짧은뜨기 1코. [48코]

27단: 파랑-(짧은뜨기 5코, 코늘리기 1회)×8회. [56코]

28단: 크림-각각의 코에 짧은뜨기 1코. [56코]

29단: 분홍-각각의 코에 짧은뜨기 1코. [56코]

30단: 크림-각각의 코에 짧은뜨기 1코. [56코]

31단: 파랑-각각의 코에 짧은뜨기 1코. [56코]

32단: 크림-각각의 코에 짧은뜨기 1코. [56코]

33단: 분홍-(짧은뜨기 6코, 코늘리기 1회)×8회. [64코]

34단: 크림-각각의 코에 짧은뜨기 1코. [64코]

35단: 파랑-각각의 코에 짧은뜨기 1코. [64코]

36단: 크림-각각의 코에 짧은뜨기 1코. [64코]

36단 끝에서 회색 실을 걸고 크림색 실은 몸통 바깥에 그대로 둔다. 크림색 실은 티

난이도 ★★

티셔츠 디테일

36단 앞 반코에만 뜬다. 단의 마지막 코에 바늘을 넣어 크림색 실을 걸고 (2) 단 끝까지 각각의 코에 빼뜨기 1코씩 뜬다. 실을 자르고 남은 실을 정리한다.

셔츠 디테일을 뜨는 데 사용한다(1). 분홍색 실과 파란색 실은 자른다.

37단: 뒤 반코에만 뜬다. 각각의 코에 짧은뜨기 1코. [64코]

38단: (짧은뜨기 15코, 코늘리기 1회)×4회. [68코]

39단: 각각의 코에 짧은뜨기 1코. [68코]

40단: (짧은뜨기 15코, 코줄이기 1회)×4회. [64코]

41~43단(3단): 각각의 코에 짧은뜨기 1코. [64코]

44단: (짧은뜨기 6코, 코줄이기 1회)×8회. [56코]

45단: 뒤 반코만 뜬다. 짧은뜨기 2코, 코줄이기 1회, (짧은뜨기 5코, 코줄이기 1회)×7회, 짧은뜨기 3코. [48코]

46단: (짧은뜨기 4코, 코줄이기 1회)×8회. [40코]

47단: 짧은뜨기 1코, 코줄이기 1회, (짧은뜨기 3코, 코줄이기 1회)×7, 짧은뜨기 2코. [32코]

48단: (짧은뜨기 2코, 코줄이기 1회)×8회. [24코]

49단: (짧은뜨기 1코, 코줄이기 1회)×8회. [16코]

50단: 코줄이기 8회. [8코]

몸통을 충전재로 마저 채운다. 남은 코를 닫는다.
티셔츠 디테일은 위의 박스를 참고한다.
검은색 자수실로 양쪽 눈에서 2단 위에 눈썹을 수놓는다(3).

주둥이(카키)

1단: 매직링에 짧은뜨기 8코. [8코]

2단: 코늘리기 8회. [16코]

3단: (짧은뜨기 3코, 코늘리기 1회)×4회. [20코]

4~9단(6단): 각각의 코에 짧은뜨기 1코. [20코]

10단: 짧은뜨기 10코, 코늘리기 1회, 긴뜨기 2코, 한 코에 한길긴뜨기 2코, 한길긴뜨기 2코, 한 코에 한길긴뜨기 2코, 긴뜨기 2코, 코늘리기 1회. [24코]

11단: 짧은뜨기 11코, 코늘리기 1회, 짧은뜨기 10코, 코늘리기 1회, 짧은뜨기 1코. [26코]
바느질할 실을 충분히 남기고 자른다.
검은색 자수실로 주둥이의 3단에 두 개의 선을 수놓는다(4).

팔(2개)

양팔에는 각각 세 개의 손가락이 있다.

손가락(카키, 3개)

1단: 매직링에 짧은뜨기 6코. [6코]

2단: 각각의 코에 짧은뜨기 1코. [6코]
첫 번째 손가락과 두 번째 손가락을 뜬 후에는 실을 자르지만, 세 번째 손가락을 뜬 후에는 자르지 않고 세 손가락을 연결하고 이어서 팔을 뜨는 데 사용한다.

5

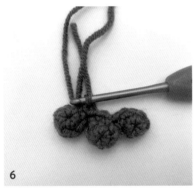

6

7

8

팔(카키색으로 시작)

연결한 세 손가락에 이어서 뜬다.

세 번째 손가락에서 시작한다. 짧은뜨기 1코로 두 번째 손가락에 연결한다(19쪽 참조). 이 짧은뜨기 코는 팔의 첫 코가 된다(5).

1단: 두 번째 손가락에 짧은뜨기 3코를 뜨고 짧은뜨기 1코로 첫 번째 손가락에 연결한다(6). 첫 번째 손가락 각각의 코에 짧은뜨기 1코, 두 번째 손가락의 나머지 3코 각각에 짧은뜨기 1코, 세 번째 손가락 각각의 코에 짧은뜨기 1코. [18코]

2~3단(2단): 각각의 코에 짧은뜨기 1코. [18코]

4단: 짧은뜨기 5코, 코줄이기 1회, 짧은뜨기 7코, 코줄이기 1회, 짧은뜨기 2코. [16코] 4단 끝에서 회색 실을 걸고 카키색 실은 자른다.

5~8단(4단): 각각의 코에 짧은뜨기 1코. [16코]

팔을 충전재로 가볍게 채운다.

팔을 핀으로 납작하게 고정하고 열린 부분을 맞물려 코들을 나란히 맞춘다(7). 마주보는 2코씩 짧은뜨기로 차례로 닫아준다. [8코]

바느질할 실을 충분히 남기고 자른다(8).

꼬리(카키)

1단: 매직링에 짧은뜨기 8코. [8코]

2단: 코늘리기 8회. [16코]

3단: (짧은뜨기 1코, 코늘리기 1회)×8회. [24코]

4단: 각각의 코에 짧은뜨기 1코. [24코]

5단: (짧은뜨기 2코, 코늘리기 1회)×8회. [32코]

6단: 각각의 코에 짧은뜨기 1코. [32코]

7단: (짧은뜨기 7코, 코늘리기 1회)×4회. [36코]

8~13단(6단): 각각의 코에 짧은뜨기 1코. [36코]

14단: (짧은뜨기 4코, 코줄이기 1회)×6회. [30코]

15~20단(6단): 각각의 코에 짧은뜨기 1코. [30코]

21단: (짧은뜨기 3코, 코줄이기 1회)×6회. [24코]

22~27단(6단): 각각의 코에 짧은뜨기 1코. [24코]

28단: (짧은뜨기 4코, 코줄이기 1회)×4회. [20코]

29~30단(2단): 각각의 코에 짧은뜨기 1코. [20코]

꼬리를 핀으로 납작하게 고정하고 열린 부분을 맞물려 코들을 나란히 맞춘다. 마주보는 2코씩 짧은뜨기로 차례로 닫아준다. [10코]

바느질할 실을 충분히 남기고 자른다(9).

9

발(카키, 2개)

시작코로 사슬뜨기 10코를 뜬다. 바늘에서 두 번째 사슬코에서 시작한다. 이 시작코를 중심으로 원형뜨기한다.

1단: 코늘리기 1회, 짧은뜨기 7코, 마지막 사슬코에 짧은뜨기 3코. 맞은편도 이어서 뜬다. 이어지는 사슬뜨기 8코 각각에 짧은뜨기 1코. [20코]

2~4단(3단): 각각의 코에 짧은뜨기 1코. [20코]

5단: (코줄이기 1회, 짧은뜨기 8코)×2회. [18코]

6단: 각각의 코에 짧은뜨기 1코. [18코]

7단: (코줄이기 1회, 짧은뜨기 7코)×2회. [16코]

8단: 각각의 코에 짧은뜨기 1코. [16코]
바느질할 실을 충분히 남기고 자른다.

연결하기

시침핀으로 머리의 13단과 14단의 눈 사이에 주둥이를 고정하고 연결한다(10).
뺨에 블러셔를 바른다(11).
네크라인 아래 몸통에 팔을 연결한다(12).
몸통에 발을 연결한다(13).
몸통의 46단, 뒤쪽 중앙에 꼬리를 연결한다(14).

모자

모자 위에 있는 나뭇잎(녹색, 2개)

시작코로 사슬뜨기 10코를 뜬다. 바늘에서 두 번째 사슬코에서 시작한다. 빼뜨기 1코, 짧은뜨기 1코, 긴뜨기 1코, 한길긴뜨기 4코, 긴뜨기 1코, 마지막 사슬뜨기 코에 {짧은뜨기 1코, 사슬뜨기 2코, 짧은뜨기 1코}. 맞은편도 이어서 뜬다. 긴뜨기 1코, 한길긴뜨기 4코, 긴뜨기 1코, 짧은뜨기 1코, 빼뜨기 1코. [20코]
바느질할 실을 충분히 남기고 자른다(15).

모자(노랑)

1~13단: 머리의 1단에서 13단까지와 똑같이 뜬다. 13단은 64코.

14~15단(2단): 각각의 코에 짧은뜨기 1코. [64코]

16단: (짧은뜨기 3코, 코늘리기 1회)×16회. [80코]

17~18단(2단): 각각의 코에 짧은뜨기 1코. [80코]
실을 자르고 보이지 않게 사슬 연결한다(20쪽 참조). 남은 실을 정리한다.
갈색 자수실로 모자 위에 선을 수놓는다(16).
모자에 나뭇잎을 연결한다(17).

물고기모양 가방

물고기(베이지색으로 시작)

1단: 매직링에 짧은뜨기 6코. [6코]

2단: (코늘리기 1회, 짧은뜨기 1코)×3회. [9코]

3단: (짧은뜨기 2코, 코늘리기 1회)×3회. [12코]

4단: (짧은뜨기 3코, 코늘리기 1회)×3회. [15코]

5단: 각각의 코에 짧은뜨기 1코. [15코]
5단 끝에서 주황색 실을 건다.

6~10단(5단): 각각의 코에 짧은뜨기 1코. [15코]

11단: (짧은뜨기 3코, 코줄이기 1회)×3회. [12코]

12단: 각각의 코에 짧은뜨기 1코. [12코]

13단: (짧은뜨기 1코, 코줄이기 1회)×4회. [8코]

14단: 각각의 코에 짧은뜨기 1코. [8코]
14단 끝에서 베이지색 실을 걸고 주황색 실은 자른다.

15단: (짧은뜨기 1코, 코늘리기 1회)×4회. [12코]

16단: (짧은뜨기 2코, 코늘리기 1회)×4회. [16코]

바느질할 실을 충분히 남기고 자른다. 물고기 꼬리지느러미의 마지막 단 양 끝을 맞물려 연결한다(18).
갈색 자수실로 4단 양쪽에 두 눈을 수놓는다(19).

가방끈(주황)

사슬뜨기 65코를 뜬다. 바느질할 실을 충분히 남기고 자른다. 가방에 끈을 연결한다

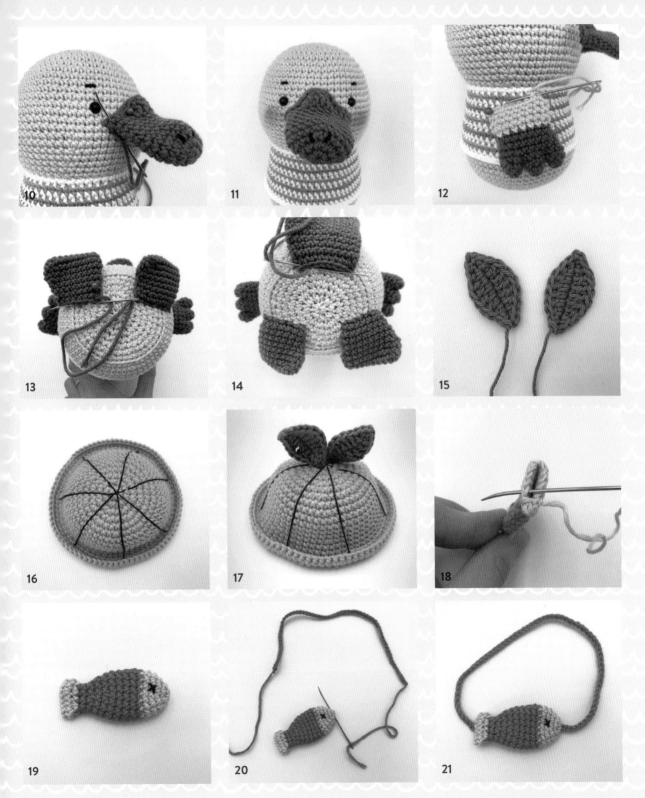

타조 레미 REMY

타조 레미는 아주 오래전부터 하늘을 나는 꿈을 꿨어요. 날기 위해 최선을 다했고, 드디어 숲 공군의 조종사가 되었지요! 이제 파일럿 레미는 비행하며 하늘의 아름다움을 만끽하고 있답니다. 그리고 안전 수칙도 엄격하게 지켜요.

난이도
★★★

크기: 46cm(다리 제외 시 28cm)

재료

- 기본 키트(10쪽 참조)
- 2.75mm 코바늘
- 8mm 나사눈 2개
- 10mm 단추 2개

실

- 해피코튼(DMC)
  -775 검정(2타래)
  -757 회색(1타래)
  -776 갈색(1타래)
  -777 진갈색(1타래)
- 100% 베이비코튼(DMC)
  -773 베이지(1타래)
- 테디(DMC)
  -310 흰색(1타래)
- 울리(DMC)
  -083 카키(1타래)
- 갈색 자수실

머리와 몸통 [베이지색으로 시작]

1단: 매직링에 짧은뜨기 8코. [8코]

2단: 코늘리기 8회. [16코]

3단: 뒤 반코에만 뜬다. (짧은뜨기 1코, 코늘리기 1회)×8회. [24코]

4단: 짧은뜨기 1코, 코늘리기 1회, (짧은뜨기 2코, 코늘리기 1회)×7회, 짧은뜨기 1코. [32코]

5단: (짧은뜨기 3코, 코늘리기 1회)×8회. [40코]

6~7단(2단): 각각의 코에 짧은뜨기 1코. [40코]

8단: (짧은뜨기 4코, 코늘리기 1회)×8회. [48코]

9~15단(7단): 각각의 코에 짧은뜨기 1코. [48코]

16단: 짧은뜨기 15코, (코늘리기 1회, 짧은뜨기 1코)×3회, 짧은뜨기 6코, (코늘리기 1회, 짧은뜨기 1코)×3회, 짧은뜨기 15코. [54코]

17~20단(4단): 각각의 코에 짧은뜨기 1코. [54코]

21단: 짧은뜨기 15코, (코줄이기 1회, 짧은뜨기 1코)×3회, 짧은뜨기 6코, (코줄이기 1회, 짧은뜨기 1코)×3회, 짧은뜨기 15코. [48코]

22단: 각각의 코에 짧은뜨기 1코. [48코]

23단: 짧은뜨기 12코, (코줄이기 1회, 짧은뜨기 1코)×8회, 짧은뜨기 12코. [40코]

24단: 각각의 코에 짧은뜨기 1코. [40코]

25단: 짧은뜨기 8코, (코줄이기 1회, 짧은뜨기 1코)×8회, 짧은뜨기 8코. [32코]

머리의 13단과 14단 사이 17번째 코와 18번째 코 사이, 29번째 코와 30번째 코 사이에 각각 눈을 단다.

머리를 충전재로 채우기 시작하고 몸통 끝까지 뜨개질하면서 보충한다.

26단: 짧은뜨기 3코, 코줄이기 1회, (짧은뜨기 6코, 코줄이기 1회)×3회, 짧은뜨기 3코. [28코]

27단: (짧은뜨기 5코, 코줄이기 1회)×4회. [24코]

28~35단(8단): 각각의 코에 짧은뜨기 1코. [24코]

36단: (짧은뜨기 7코, 코늘리기 1회)×3코. [27코]

37~44단(8단): 각각의 코에 짧은뜨기 1코. [27코]

45단: (짧은뜨기 8코, 코늘리기 1회)×3회. [30코]

46~47단(2단): 각각의 코에 짧은뜨기 1코. [30코]

48단: (짧은뜨기 4코, 코늘리기 1회)×6회. [36코]

48단 끝에서 진갈색 실을 걸고 베이지색 실은 자른다.

49단: 뒤 반코에만 뜬다. 짧은뜨기 2코, 코늘리기 1회, (짧은뜨기 5코, 코늘리기 1회)×5회, 짧은뜨기 3코. [42코]

50~51단(2단): 각각의 코에 짧은뜨기 1코. [42코]

1

52단 : (짧은뜨기 6코, 코늘리기 1회)×6회. [48코]

53~60단(8단) : 각각의 코에 짧은뜨기 1코. [48코]

61단 : (짧은뜨기 7코, 코늘리기 1회)×6회. [54코]

62~65단(4단) : 각각의 코에 짧은뜨기 1코. [54코]

66단 : (짧은뜨기 8코, 코늘리기 1회)×6회. [60코]

66단 끝에서 검은색 실을 걸고 진갈색 실은 몸통 바깥에 그대로 둔다. 진갈색 실은 몸통 디테일을 뜨는 데 사용한다(**1**).

67단 : 뒤 반코에만 뜬다. 각각의 코에 짧은뜨기 1코. [60코]

68~75단(8단) : 각각의 코에 짧은뜨기 1코. [60코]

76단 : (짧은뜨기 13코, 코줄이기 1회)×4회. [56코]

77단 : 뒤 반코에만 뜬다. (짧은뜨기 5코, 코줄이기 1회)×8회. [48코]

78단 : 짧은뜨기 2코, 코줄이기 1회, (짧은뜨기 4코, 코줄이기 1회)×7회, 짧은뜨기 2코. [40코]

79단 : (짧은뜨기 3코, 코줄이기 1회)×8회. [32코]

80단 : (짧은뜨기 2코, 코줄이기 1회)×8회. [24코]

81단 : (짧은뜨기 1코, 코줄이기 1회)×8회. [16코]

몸통과 머리 디테일

66단 앞 반코에만 뜬다. 단의 마지막 코에 바늘을 넣어 진갈색 실을 걸고 (**2**) 단 끝까지 각각의 코에 빼뜨기 1코 씩 뜬다. 실을 자르고 남은 실을 정리한다.

갈색 자수실로 양쪽 눈 위에 눈꺼풀을 수놓는다. 검은색 실로 양쪽 눈에서 2단 위에 눈썹을 수놓는다. 뺨에 블러셔를 바른다(**3**, **4**).

2

3

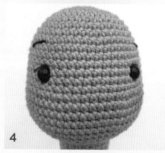

4

5

82단 : 코줄이기 8회. [8코]

몸통을 충전재로 마저 채운다. 실을 자르고 남은 코를 닫는다. 몸통과 머리의 디테일은 옆의 박스를 참조한다.

칼라[흰색]

몸통을 거꾸로 놓고 48단의 앞 반코에만 뜬다. 단의 마지막 코에 바늘을 넣어 흰색 테디 실을 건다(**5**). 각 단을 닫으면서 뜬다. 각 단의 첫 사슬뜨기 2코는 콧수로 세지 않는다.

1단 : 사슬뜨기 2코, 각각의 코에 한길긴뜨기 2코, 빼뜨기 1코로 닫기. [72코]

2단 : 사슬뜨기 2코, 각각의 코에 한길긴뜨기 2코, 빼뜨기 1코로 닫기. [144코]

2단 끝에서 갈색 실을 걸고 흰색 실은 자른다.

3단 : (사슬뜨기 3코, 다음 코에 빼뜨기 1코)×144회. [432코]

실을 자르고 남은 실을 정리한다.

배 위에 단추를 단다(**6**).

머리털[흰색]

머리의 2단 앞 반코에만 뜬다. 단의 마지막 코에 바늘을 넣어 흰색 실을 걸고(**7**) (사슬뜨기 8코, 1코 건너뛰기, 다음 코에 빼뜨기 1코)×8회. 실을 자르고 남은 실을 정리한다 (**8**).

6

7

8

9

부리(갈색)

1단: 매직링에 짧은뜨기 6코. [6코]
2단: (코늘리기 1회, 짧은뜨기 1코)×3회. [9코]
3단: 각각의 코에 짧은뜨기 1코. [9코]
4단: (코늘리기 1회, 짧은뜨기 2코)×3회. [12코]
5단: 각각의 코에 짧은뜨기 1코. [12코]
6단: (코늘리기 1회, 짧은뜨기 3코)×3회. [15코]
7단: 각각의 코에 짧은뜨기 1코. [15코]
8단: (코늘리기 1회, 짧은뜨기 4코)×3회. [18코]
9단: (짧은뜨기 2코, 코늘리기 1회)×6회. [24코]
10단: 짧은뜨기 10코, 코늘리기 1회, 짧은뜨기 5코, 코늘리기 2회, 짧은뜨기 5코, 코늘리기 1회. [28코]
바느질할 실을 충분히 남기고 자른다.
보이지 않게 사슬 연결한다(20쪽 참조).
검은색 실로 6단에 작은 선을 수놓는다(9).

10

11

날개(흰색으로 시작, 2개)

1단: 매직링에 짧은뜨기 6코. [6코]
2단: 코늘리기 6회. [12코]
3단: 코늘리기 1회, 짧은뜨기 11코. [13코]
4단: 코늘리기 1회, 짧은뜨기 12코. [14코]
5단: 코늘리기 1회, 짧은뜨기 13코. [15코]
5단 끝에서 검은색 실을 걸고 흰색 실은 자른다.
6단: (코늘리기 1회, 짧은뜨기 2코)×5회. [20코]
7단: 코늘리기 1회, 짧은뜨기 19코. [21코]
8단: 코늘리기 1회, 짧은뜨기 20코. [22코]
9단: 코늘리기 1회, 짧은뜨기 21코. [23코]
10단: 코늘리기 1회, 짧은뜨기 22코. [24코]
11~14단(4단): 각각의 코에 짧은뜨기 1코. [24코]
15단: (코줄이기 1회, 짧은뜨기 4코)×4회. [20코]
16단: 각각의 코에 짧은뜨기 1코. [20코]

12

13

17단: (코줄이기 1회, 짧은뜨기 8코)×2회. [18코]
날개를 핀으로 납작하게 고정하고 열린 부분을 맞물려 코들을 나란히 맞춘다(10). 마주 보는 2코씩 짧은뜨기로 차례로 닫아준다. [9코]
바느질할 실을 충분히 남기고 자른다(11).

꽁지(검정)

1단: 매직링에 짧은뜨기 7코. [7코]
2단: 뒤 반코에만 뜬다. 코늘리기 7회. [14코]
3단: 뒤 반코에만 뜬다. (짧은뜨기 1코, 코늘리기 1회)×7회. [21코]
4단: (짧은뜨기 2코, 코늘리기 1회)×7회. [28코]
5~6단(2단): 각각의 코에 짧은뜨기 1코. [28코]

7단 : (짧은뜨기 6코, 코늘리기 1회)×4회. [32코]

8단 : 각각의 코에 짧은뜨기 1코. [32코]
바느질할 실을 충분히 남기고 자른다.

꽁지깃(흰색)

꽁지 끝부분의 1단부터 2단까지 앞 반코에만 뜬다. 1단 첫 코에 바늘을 넣어 흰색 실을 걸고(12) 2단 끝까지 (사슬뜨기 8코, 다음 코에 빼뜨기 1코)를 뜬다.
바느질할 실을 충분히 남기고 자른다(13).

발과 다리

발은 두 개의 발가락(큰 발가락, 작은 발가락)으로 이루어진다.
뜨개질하면서 충전재로 채운다.

큰 발가락(갈색, 2개)

1단 : 매직링에 짧은뜨기 6코. [6코]

2단 : (코늘리기 1회, 짧은뜨기 2코)×2회. [8코]

3단 : 각각의 코에 짧은뜨기 1코. [8코]

4단 : (코늘리기 1회, 짧은뜨기 3코)×2회. [10코]

5단 : 각각의 코에 짧은뜨기 1코. [10코]

6단 : (코늘리기 1회, 짧은뜨기 4코)×2회. [12코]

7~8단(2단) : 각각의 코에 짧은뜨기 1코. [12코]

9단 : (짧은뜨기 2코, 코늘리기 1회)×4회. [16코]

10단 : 각각의 코에 짧은뜨기 1코. [16코]
바느질할 실을 충분히 남기고 자른다(14).

작은 발가락(갈색, 2개)

1단 : 매직링에 짧은뜨기 5코. [5코]

2단 : 코늘리기 1회, 짧은뜨기 4코. [6코]

3단 : 코늘리기 1회, 짧은뜨기 5코. [7코]

4단 : 코늘리기 1회, 짧은뜨기 6코. [8코]

5단 : 짧은뜨기 1코, 코늘리기 1회, 짧은뜨기 3코, 코늘리기 1회, 짧은뜨기 2코. [10코]

실은 자르지 않는다(15). 작은 발가락을 짧은뜨기 1코로 큰 발가락에 연결한다(19쪽 참조). 이 짧은뜨기는 다음 단의 첫 코가 된다(16).

6단 : 큰 발가락 각각의 코에 짧은뜨기 1코, 작은 발가락 각각의 코에 짧은뜨기 1코. [26코]

7단 : 각각의 코에 짧은뜨기 1코. [26코]

8단 : 짧은뜨기 8코, 코줄이기 1회, 짧은뜨기 11코, 코줄이기 1회, 짧은뜨기 3코. [24코]

9단 : 각각의 코에 짧은뜨기 1코. [24코]

10단 : (짧은뜨기 4코, 코줄이기 1회)×4회. [20코]

11~13단(3단) : 각각의 코에 짧은뜨기 1코. [20코]

14단 : (짧은뜨기 3코, 코줄이기 1회)×4회. [16코]

15단 : 각각의 코에 짧은뜨기 1코. [16코]
여기부터 양쪽 발을 다르게 뜬다.

오른발

16단 : 짧은뜨기 14코. [14코] 16단은 여기서 멈추고 나머지 2코는 그대로 둔다.
왕복뜨기로 뒤꿈치를 뜬다. 각 단의 첫 사슬뜨기는 콧수로 세지 않는다.

17열 : 짧은뜨기 1코, 긴뜨기 6코, 짧은뜨기 1코, 편물을 뒤집는다. [8코]

18열 : 사슬뜨기 1코, 짧은뜨기 1코, 긴뜨기 6코, 짧은뜨기 1코, 편물을 뒤집는다. [8코]

19열 : 사슬뜨기 1코, 짧은뜨기 8코. [8코]
뒤꿈치를 다 뜨면(17) 이어서 발목과 다리를 뜬다.

14

15

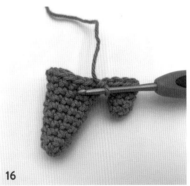

16

17

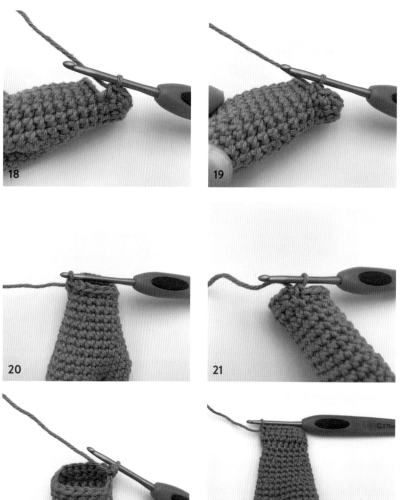

47단: (짧은뜨기 5코, 코늘리기 1회)×3회. [21코]

48~57단(10단): 각각의 코에 짧은뜨기 1코. [21코]

57단 끝에서 흰색 실을 걸고 베이지색 실은 자른다.

58단: 각각의 코에 짧은뜨기 1코. [21코]

58단 끝에서 검은색 실을 걸고 흰색 실은 자른다.

59단: (짧은뜨기 6코, 코늘리기 1회)×3회. [24코]

60~62단(3단): 각각의 코에 짧은뜨기 1코. [24코]

다리를 핀으로 납작하게 고정하고 열린 부분을 맞물려 코들을 나란히 맞춘다. 마주 보는 2코씩 짧은뜨기로 차례로 닫아준다. [12코]

바느질할 실을 충분히 남기고 자른다.

왼발

16단: 짧은뜨기 7코. [7코]. 16단은 여기서 멈추고 나머지 9코는 그대로 둔다.

왕복뜨기로 뒤꿈치를 뜬다. 각 단의 첫 사슬코는 콧수로 세지 않는다.

17열: 짧은뜨기 1코, 긴뜨기 6코, 짧은뜨기 1코, 편물을 뒤집는다. [8코]

18열: 사슬뜨기 1코, 짧은뜨기 1코, 긴뜨기 6코, 짧은뜨기 1코, 편물을 뒤집는다. [8코]

19열: 사슬뜨기 1코, 짧은뜨기 8코. [8코]

뒤꿈치를 다 뜨면(**23**) 이어서 발목과 다리를 뜬다.

20단부터 끝까지: 오른발과 똑같이 뜬다.

20단: 19단 발뒤꿈치 쪽에서 이어서(**18**) 각각의 코에 짧은뜨기 1코. 16단 남아 있는 코에(**19, 20**) 짧은뜨기 8코. 뒤꿈치의 다른 쪽에 이어서(**21**) 짧은뜨기 1코. 뒤꿈치의 19열에 짧은뜨기 8코(**22**). [18코]. 단코 표시링을 건다.

21단: (짧은뜨기 1코, 코줄이기 1회)×3회, 짧은뜨기 9코. [15코]

22단: 각각의 코에 짧은뜨기 1코. [15코]

22단 끝에서 베이지색 실을 걸고 갈색 실은 자른다. 발을 충전재로 채우기 시작한다.

23~40단(18단): 각각의 코에 짧은뜨기 1코. [15코]

41단: (짧은뜨기 4코, 코늘리기 1회)×3회. [18코]

42~46단(5단): 각각의 코에 짧은뜨기 1코. [18코]

오른발　　　　　왼발

연결하기

시침핀으로 머리의 13단과 17단, 두 눈 사이에 부리를 고정하고 연결한다(24, 25).
칼라에서 3단 아래에 팔을 연결한다(26).
몸통의 67단과 76단 사이, 뒤쪽 중앙에 꽁지깃을 연결한다(27).
시침핀으로 몸통의 71단과 74단 사이에 다리를 고정하고 연결한다(28, 29).

소품

조종사 모자(카키)

각 단을 닫으면서 원형뜨기한다.
각 단의 첫 사슬뜨기 2코는 한길긴뜨기 콧수로 세지 않는다.
1단: 사슬뜨기 2코, 매직링에 한길긴뜨기 12코, 빼뜨기 1코로 닫기. [12코]
2단: 사슬뜨기 2코, 각각의 코에 한길긴뜨기 2코, 빼뜨기 1코로 닫기. [24코]
3단: 사슬뜨기 2코, (한길긴뜨기 2코, 다음 한 코에 한길긴뜨기 2코)×8회, 빼뜨기 1코로 닫기. [32코]
4단: 사슬뜨기 2코, 한길긴뜨기 1코, 다음 한 코에 한길긴뜨기 2코, (한길긴뜨기 3코,

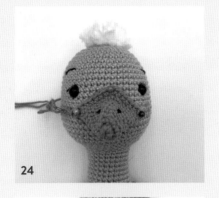

24

25

26

27

28

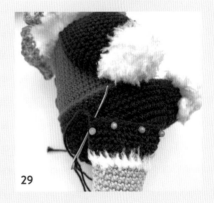

29

다음 한 코에 한길긴뜨기 2코)×7회, 한길긴뜨기 2코, 빼뜨기 1코로 닫기. [40코]
5단: 사슬뜨기 2코, (한길긴뜨기 7코, 다음 한 코에 한길긴뜨기 2코)×5회, 빼뜨기 1코로 닫기. [45코]
6~8단(3단): 사슬뜨기 2코, 각각의 코에 한길긴뜨기 1코, 빼뜨기 1코로 닫기. [45코]
실을 자르고 남은 실을 정리한다.

오른쪽 귀덮개(카키)

8단의 일곱 번째 코에 바늘을 넣어 카키색 실을 건다. 사슬코에서 시작해서 왕복뜨기한다. 각 단의 첫 사슬뜨기 2코는 긴뜨기 1코로 센다.
1열: 사슬뜨기 2코(30), 다음 사슬뜨기 5코 각각에 긴뜨기 1코, 편물을 뒤집는다. [6코]
2열: 사슬뜨기 2코, 1코 건너뛰기, 긴뜨기

4코, 편물을 뒤집는다. [5코]

3열: 사슬뜨기 2코, 1코 건너뛰기, 긴뜨기 3코, 편물을 뒤집는다. [4코]

4열: 사슬뜨기 2코, 1코 건너뛰기, 긴뜨기 2코, 편물을 뒤집는다. [3코]

5열: 사슬뜨기 2코, 1코 건너뛰기, 긴뜨기 1코. [2코]

실을 자르고(**31**) 남은 실을 정리한다.

왼쪽 귀덮개[카키]

8단의 34번째 코에 바늘을 넣어 카키색 실을 건다. 사슬코에서 시작해서 왕복뜨기한다. 각 단의 첫 사슬뜨기 2코는 긴뜨기 1코로 센다(**32**).

1~5열: 오른쪽 귀덮개와 똑같이 뜬다.

5열 끝에서 실을 자르지 않는다(**33**). 귀덮개 끈을 뜬다.

사슬뜨기 21코를 뜨고(**34**) 바늘에서 두 번째 코에서 시작해서 각각의 코에 짧은뜨기 1코(*첫 번째 끈*). 왼쪽 귀덮개, 모자 부분에 이어서 각각의 코에 짧은뜨기 1코(**35, 36**). 이어서 오른쪽 귀덮개에(**37**) 5열 끝까지 각각의 코에 짧은뜨기 1코(**38**). 사슬뜨기 21코를 뜨고(**39**) 바늘에서 두 번째 코에서 시작해서 각각의 코에 짧은뜨기 1코(두 번째 끈)(**40**). 오른쪽 귀덮개 남아 있는 쪽에 이어서 각각의 코에 짧은뜨기 1코, 모자 부분 각각의 코에 짧은뜨기 1코, 마지막으로 왼쪽 귀덮개의 남아 있는 쪽 각각의 코에 짧은뜨기 1코.

실을 자르고 보이지 않게 사슬 연결한다(20쪽 참조)(**41**). 남은 실을 정리한다(**42**).

선글라스

선글라스는 연결된 두 개의 작은 렌즈로 이루어진다.

첫 번째 렌즈[회색으로 시작]

1단: 매직링에 짧은뜨기 8코. [8코]

2단: 코늘리기 8회. [16코]

실을 자르고 남은 실을 정리한다.

두 번째 렌즈[회색]

1~2단(2단): 첫 번째 렌즈와 똑같이 뜬다.

실을 자르지 않는다(43). 사슬뜨기 4코를 뜨고(**44**) 짧은뜨기 1코로 첫 번째 렌즈에 연결한다(19쪽 참조). 이 짧은뜨기는 다음 단의 첫 코가 된다(**45**).

3단: 첫 번째 렌즈에 짧은뜨기 6코, 코늘리기 4회, 짧은뜨기 6코. 사슬뜨기 4코 각각에 짧은뜨기 1코, 두 번째 렌즈에 짧은뜨기 6코, 코늘리기 4회, 짧은뜨기 6코. 사슬뜨기 4코의 다른 반코 각각에 짧은뜨기 1코. [48코]

3단 끝에서 진갈색 실을 걸고 회색 실은 자른다(**46**).

4단: 뒤 반코에만 뜬다. 짧은뜨기 8코, 코늘리기 1회, 짧은뜨기 2코, 코늘리기 1회, 짧은뜨기 20코, 코늘리기 1회, 짧은뜨기 2코, 코늘리기 1회, 짧은뜨기 12코. [52코]

실을 자르고 보이지 않게 사슬 연결한다(20쪽 참조). 남은 실을 정리한다(**47**).

테

3단 앞 반코에만 뜬다. 첫 번째 코에 바늘을 넣어 진갈색 실을 걸고(**48**) 단 끝까지 각각의 코에 짧은뜨기 1코씩 뜬다.

실을 자르고 보이지 않게 사슬 연결한다(20쪽 참조). 남은 실을 정리한다(**49**).

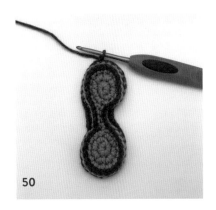

50

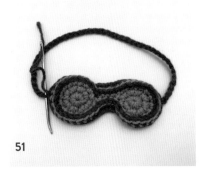

51

52

끈

한쪽 렌즈 끝에 진갈색 실을 연결하고(**50**) 사슬뜨기 40코를 뜬다. 실을 자르고 다른 렌즈 끝에 끈을 연결한다(**51, 52**).

인어 사쿠라 SAKURA

난이도
★★★

사쿠라는 바다에서 태어났지만 이름은 봄꽃 중 가장 아름다운 벚꽃을 뜻한답니다. 사쿠라는 이름대로 다정하고 매력적이고 섬세하지만 확고한 태도로 능숙하게 왕국을 다스리는 인어이기도 해요. 자랑스러운 바다의 공주지요.

크기: 30cm

재료
- 기본 키트(10쪽 참조)
- 2.25mm 코바늘
- 작은 진주 5개

실
- 네추라 저스트코튼(DMC)
  - N25 파랑(1타래)
  - N35 크림(1타래)
  - N87 하늘색(조금)
- 울리(DMC)
  - 091 노랑(1타래)
- 울리 시크(DMC)
  - 045 분홍(1타래)
- 자수실
  - 갈색
  - 검정

이상은 잠든 사쿠라를 만들기 위한 재료와 실 목록이며, 깨어 있는 사쿠라를 만들기 위한 대체 재료와 실은 127쪽에 명시되어 있습니다.

머리[크림]

1단: 매직링에 짧은뜨기 8코. [8코]
2단: 코늘리기 8회. [16코]
3단: (짧은뜨기 1코, 코늘리기 1회)×8회. [24코]
4단: (짧은뜨기 2코, 코늘리기 1회)×8회. [32코]
5단: 짧은뜨기 1코, 코늘리기 1회, (짧은뜨기 3코, 코늘리기 1회)×7회, 짧은뜨기 2코. [40코]
6단: (짧은뜨기 4코, 코늘리기 1회)×8회. [48코]
7~10단(4단): 각각의 코에 짧은뜨기 1코. [48코]
11단: (짧은뜨기 7코, 코늘리기 1회)×6회. [54코]
12~15단(4단): 각각의 코에 짧은뜨기 1코. [54코]
16단: (짧은뜨기 8코, 코늘리기 1회)×6회. [60코]
17~19단(3단): 각각의 코에 짧은뜨기 1코. [60코]
20단: (짧은뜨기 9코, 코늘리기 1회)×6회. [66코]
21단: 각각의 코에 짧은뜨기 1코. [66코]
22단: (짧은뜨기 9코, 코줄이기 1회)×6회. [60코]
23단: 짧은뜨기 4코, 코줄이기 1회, (짧은뜨기 8코, 코줄이기 1회)×5회, 짧은뜨기 4코. [54코]

24단: (짧은뜨기 7코, 코줄이기 1회)×6회. [48코]
25단: 짧은뜨기 3코, 코줄이기 1회, (짧은뜨기 6코, 코줄이기 1회)×5회, 짧은뜨기 3코. [42코]

깨어 있는 사쿠라를 뜰 때는 머리의 16단과 17단 사이에 9코 간격으로 두 눈을 단다. 머리를 충전재로 채우기 시작하고 뜨개질하면서 보충한다.

26단: (짧은뜨기 5코, 코줄이기 1회)×6회. [36코]
27단: 짧은뜨기 2코, 코줄이기 1회, (짧은뜨기 4코, 코줄이기 1회)×5회, 짧은뜨기 2코. [30코]
28단: (짧은뜨기 3코, 코줄이기 1회)×6회. [24코]

바느질할 실을 충분히 남기고 자른다.
잠든 사쿠라를 뜰 때는 검은색 실로 17단과 18단 사이에 눈꺼풀을 수놓는다. 5코를 차지하도록 5코 간격으로 두 눈을 수놓는다.

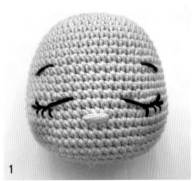

갈색 자수실로 양쪽 눈에서 3단 위에 눈썹을 수놓는다.
크림색 실로 18단 두 눈 사이에 코를 수놓는다.
뺨에 블러셔를 바른다(1, 2).

귀[크림, 2개]

매직링에 사슬뜨기 1코, 긴뜨기 4코, 짧은뜨기 1코. 매직링을 닫는다.
바느질할 실을 충분히 남기고 자른다(3).

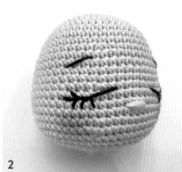

머리카락[노랑]

1단: 매직링에 짧은뜨기 8코. [8코]
2단: 코늘리기 8회. [16코]
3단: (짧은뜨기 1코, 코늘리기 1회)×8회. [24코]
4단(첫 번째 층): 뒤 반코에만 뜬다.
(사슬뜨기 25코(4), 바늘에서 세 번째 코에서 시작해서 (한 코에 한길긴뜨기 2코, 한길긴뜨기 2코)×3회, 한길긴뜨기 14코, 1코 건너뛰기, 다음 코에 빼뜨기 1코(5))를 9회 반복한다(9개의 긴 타래).
사슬뜨기 12코, 바늘에서 세 번째 코에서 시작해서 한길긴뜨기 10코, 1코 건너뛰기, 다음 코에 빼뜨기 1코)를 3회 반복한다(3개의 짧은 타래).
총 12개의 타래가 만들어졌다.
5단(두 번째 층): 4단의 앞 반코에만 뜬다.
첫 번째 코에 빼뜨기 1코(6)를 뜬 다음 첫 번째 층과 똑같이 뜬다.
바느질할 실을 충분히 남기고 자른다(7).

왕관[하늘색]

시작코로 사슬뜨기 30코를 뜨고 빼뜨기 1코로 닫는다(8). 각 단을 닫으면서 뜨고 각 단의 첫 사슬뜨기는 콧수로 세지 않는다.
1단: 사슬뜨기 1코, (짧은뜨기 2코, 코늘리기 1회)×10회, 빼뜨기 1코로 닫기. [40코]
2단: (3코 건너뛰기, 같은 코에 {한길긴뜨기 3코, 사슬뜨기 2코, 한길긴뜨기 3코}, 3코 건너뛰기, 빼뜨기 1코)(9)를 5회 반복한다. [45코] 뾰족 솟은 부분이 총 5개 만들어졌다.
바느질할 실을 충분히 남기고 자른다.
왕관에 진주를 단다(10).

연결하기

머리의 16단과 19단 사이, 눈에서 약 5코 떨어진 곳에 양쪽 귀를 연결한다(11).
머리카락의 양쪽 옆면이 얼굴 양옆에 닿도록 머리카락을 머리에 위치시킨다(12).
시침핀으로 머리카락을 머리에 고정하고 연결한다. 앞머리인 짧은 6타래는 연결하지 않도록 주의한다(13, 14, 15).
머리에 왕관을 연결한다(16).

17

깨어 있는 사쿠라를 뜰 때는 갈색 자수실로 두 눈 바로 위에 눈꺼풀을, 두 눈에서 2단 위에 눈썹을 수놓는다(17).

지느러미[파랑, 2개]

1단: 매직링에 짧은뜨기 6코. [6코]

2단: (코늘리기 1회, 짧은뜨기 1코)×3회. [9코]

3단: 각각의 코에 짧은뜨기 1코. [9코]

4단: (짧은뜨기 2코, 코늘리기 1회)×3회. [12코]

5단: (짧은뜨기 2코, 코늘리기 1회)×4회. [16코]

6~7단(2단): 각각의 코에 짧은뜨기 1코. [16코]

8단: (짧은뜨기 3코, 코늘리기 1회)×4회. [20코]

9단: (짧은뜨기 4코, 코늘리기 1회)×4회. [24코]

18

10~12단(3단): 각각의 코에 짧은뜨기 1코. [24코]

13단: (짧은뜨기 2코, 코줄이기 1회)×6회. [18코]

14단: (짧은뜨기 1코, 코줄이기 1회)×6회. [12코]

15단: (코줄이기 1회, 짧은뜨기 1코)×4회. [8코]

첫 번째 지느러미를 뜬 후에는 실을 자르지만, 두 번째 지느러미를 뜬 후에는 자르지 않고 두 지느러미를 연결하고 이어서 물고기 하반신과 몸통을 뜨는 데 사용한다(18).

19

물고기 하반신과 몸통[파랑으로 시작]

연결한 두 지느러미에 이어서 뜬다.

두 번째 지느러미에서 시작한다. 짧은뜨기 1코로 첫 번째 지느러미에 연결한다(19쪽 참조). 이 짧은뜨기 코는 물고기 하반신 첫 코가 된다(19).

1단: 첫 번째 지느러미 각각의 코에 짧은뜨기 1코, 두 번째 지느러미 각각의 코에 짧은뜨기 1코. [16코]

2~3단(2단): 각각의 코에 짧은뜨기 1코. [16코]

4단: (짧은뜨기 7코, 코늘리기 1회)×2회. [18코]

5~6단(2단): 각각의 코에 짧은뜨기 1코. [18코]

7단: (짧은뜨기 8코, 코늘리기 1회)×2회. [20코]

8~9단(2단): 각각의 코에 짧은뜨기 1코. [20코]

10단: (짧은뜨기 4코, 코늘리기 1회)×4회. [24코]

몸통을 충전재로 채우기 시작하고 뜨개질하면서 보충한다.

11단: 짧은뜨기 23코, 코늘리기 1회. [25코]

12단: 짧은뜨기 24코, 코늘리기 1회. [26코]

13단: 짧은뜨기 25코, 코늘리기 1회. [27코]

14단: 짧은뜨기 26코, 코늘리기 1회. [28코]

15단: 짧은뜨기 27코, 코늘리기 1회. [29코]

16단: 짧은뜨기 28코, 코늘리기 1회. [30코]

17단: 각각의 코에 짧은뜨기 1코. [30코]

18단: (짧은뜨기 4코, 코늘리기 1회)×6회. [36코]

19단: 각각의 코에 짧은뜨기 1코. [36코]

20단: (짧은뜨기 5코, 코늘리기 1회)×6회. [42코]

21단: 각각의 코에 짧은뜨기 1코. [42코]

22단: (짧은뜨기 6코, 코늘리기 1회)×6회. [48코]

23~28단(6단): 각각의 코에 짧은뜨기 1코. [48코]

29단: 짧은뜨기 46코, 코줄이기 1회. [47코]

30단: 각각의 코에 짧은뜨기 1코. [47코]

31단: 짧은뜨기 45코, 코줄이기 1회. [46코]

32단: 각각의 코에 짧은뜨기 1코. [46코]

33단: 짧은뜨기 44코, 코줄이기 1회. [45코]

34~35단(2단): 각각의 코에 짧은뜨기 1코. [45코]

36단: (짧은뜨기 13코, 코줄이기 1회)×3회. [42코]

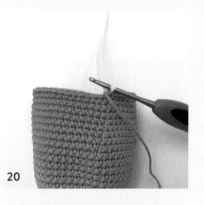

20

21

37단: 각각의 코에 짧은뜨기 1코. [42코]
37단 끝에서 크림색 실을 걸고 파란색 실
은 몸통의 바깥에 그대로 둔다. 파란색 실
은 몸통 디테일을 뜨는 데 사용한다(20).
38단: 뒤 반코에만 뜬다. 각각의 코에 짧은
뜨기 1코. [42코]
39~42단(4단): 각각의 코에 짧은뜨기 1코.
[42코]
42단 끝에서 분홍색 실을 건다.
43단: 뒤 반코에만 뜬다. 각각의 코에 짧은
뜨기 1코. [42코]
44~47단(4단): 각각의 코에 짧은뜨기 1코.
[42코]
47단 끝에서 크림색 실을 걸고 분홍색 실
은 몸통의 바깥에 그대로 둔다. 분홍색 실
은 칼라를 뜨는 데 사용한다(21).
48단: 뒤 반코에만 뜬다. 각각의 코에 짧은
뜨기 1코. [42코]
49단: 각각의 코에 짧은뜨기 1코. [42코]
50단: (짧은뜨기 5코, 코줄이기 1회)×6회.
[36코]
51~52단(2단): 각각의 코에 짧은뜨기 1코.
[36코]
53단: (짧은뜨기 4코, 코줄이기 1회)×6회.
[30코]
54단: 각각의 코에 짧은뜨기 1코. [30코]
55단: (짧은뜨기 3코, 코줄이기 1회)×6회.
[24코]
바느질할 실을 충분히 남기고 자른다.
몸통 디테일은 옆의 박스를 참조한다.

몸통 디테일

몸통을 거꾸로 놓고 37단의 앞 반코에
만 뜬다. 단의 마지막 코에 바늘을 넣
어 파란색 실을 걸고(22) (2코 건너
뛰기, 한 코에 한길긴뜨기 5코, 2코 건
너뛰기, 빼뜨기 1코)를 7회 반복한다.
[42코]
실을 자르고 남은 실을 정리한다(23).

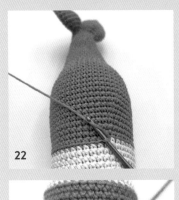

22

23

칼라[분홍]

47단 앞 반코에만 뜬다. 단의 마지막 코에
바늘을 넣어 분홍색 실을 건다(24).
1단: 사슬뜨기 1코, 짧은뜨기 5코, 사슬뜨
기 10코, 6코 건너뛰기(팔이 통과하는 첫
번째 구멍)(25), 짧은뜨기 15코, 사슬뜨기
10코, 6코 건너뛰기(팔이 통과하는 두 번
째 구멍), 짧은뜨기 10코. [50코]

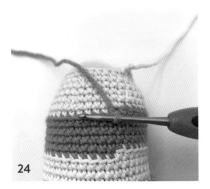

24

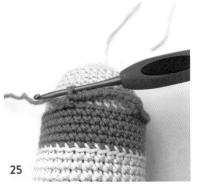

25

2단: 짧은뜨기 5코, 사슬코에 {한 코에 한
길긴뜨기 3코}×10회, 짧은뜨기 2코, 긴뜨기
1코, 한길긴뜨기 2코, 긴뜨기 1코, 짧은뜨기
1코, 빼뜨기 1코, 짧은뜨기 1코, 긴뜨기 1코,
한길긴뜨기 2코, 긴뜨기 1코, 짧은뜨기 2코,
사슬코에 {한 코에 한길긴뜨기 3코}×10회,
짧은뜨기 10코. [90코]
3단: 뒤 반코에 빼뜨기 5코, 앞뒤 두 반코
에 한길긴뜨기 30코, 뒤 반코에 빼뜨기 15
코, 앞뒤 두 반코에 한길긴뜨기 30코, 뒤 반
코에 빼뜨기 10코. [90코]
실을 자르고 남은 실을 정리한다.
상의 디테일은 다음 페이지의 박스를 참
조한다.

상의 디테일

몸통 42단의 앞 반코에 뜬다. 단의 마지막 코에 바늘을 넣어 분홍색 실을 걸고(26) 단 끝까지 각각의 코에 빼뜨기 1코. [42코]. 실을 자르고 남은 실을 정리한다(27).

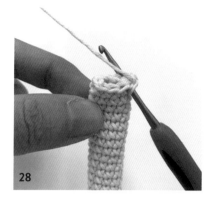

팔[크림, 2개]

1단: 매직링에 짧은뜨기 8코. [8코]
2단: (코늘리기 1회, 짧은뜨기 3코)×2회. [10코]
3~23단(21단): 각각의 코에 짧은뜨기 1코. [10코]
팔을 핀으로 납작하게 고정하고 열린 부분을 맞물려 코들을 나란히 맞춘다(28). 마주 보는 2코씩 짧은뜨기로 차례로 닫아준다. [5코]
바느질할 실을 충분히 남기고 자른다(29).

연결하기

하늘색 실로 물고기 하반신에 하트를, 지느러미에 선을 수놓는다(30, 31).
팔을 소매에 통과시킨 다음 몸통의 마지막 단에서 3단 아래에 연결한다(32).
머리 마지막 단의 뒤 반코에 바늘을 통과시켜 머리와 몸통을 연결한다. 머리에 충전재를 꼼꼼히 채운 후 완전히 닫는다.

깨어 있는 사쿠라 만들기

다음은 깨어 있는 사쿠라를 만드는 데 필요한 대체 재료와 실입니다.
상상력에 따라 다른 색상을 이용해도 좋아요!

	잠든 사쿠라	깨어 있는 사쿠라
재료		
눈	검정 자수실	7mm 나사눈 2개
	네추라 저스트코튼(DMC)	
지느러미와 물고기 하반신	N25 파랑(1타래)	N30 보라(1타래)
몸통	N35 크림(1타래)	N81 베이지(1타래)
왕관	N87 하늘색(조금)	N16 노랑(조금)
	울리 시크(DMC)	네추라 멀티코(DMC)
상의	045 분홍(1타래)	M909(1타래)
	네추라 저스트코튼(DMC)	네추라 멀티코(DMC)
지느러미와 물고기 하반신 무늬	N87 하늘색(왕관을 뜨고 남은 실)	M909(상의를 뜨고 남은 실)
	울리 시크(DMC)	네추라 저스트코튼(DMC)
머리카락	091 노랑(1타래)	N52 분홍(1타래)
	자수실	
눈썹	갈색	

초롱아귀 서니 SUNNY

숨바꼭질 좋아하세요? 서니는 숨바꼭질을 정말 좋아해요! 바다에서 하기에 최고의 게임이지요. 서니가 숨기 좋아하는 장소는 서니만큼 아름답고 색이 화려한 산호의 틈새예요. 쉿! 서니를 찾고 있는 문어에게 알려주면 안 돼요!

난이도
★★★

크기: 18cm

재료
• 기본 키트(10쪽 참조)
• 2.25mm 코바늘
• 7mm 나사눈 2개

실
• 네추라 저스트코튼(DMC)
  N14 진녹색(1타래)
  N989 올리브(1타래)
  N16 노랑(조금)
  N20 민트(조금)
  N35 크림(조금)
  N47 주황(조금)

이상은 녹색 서니를 만들기 위한 재료와 실 목록이며 파란색 서니를 만들기 위한 대체 재료와 실은 135쪽에 명시되어 있습니다.

몸통과 꼬리지느러미[진녹색으로 시작]

1단: 매직링에 짧은뜨기 8코. [8코]

2단: 코늘리기 5회 / 올리브-코늘리기 3회. [16코]

3단: 진녹색-(짧은뜨기 1코, 코늘리기 1회)×5회 / 올리브-(짧은뜨기 1코, 코늘리기 1회)×3회. [24코]

4단: 진녹색-(짧은뜨기 2코, 코늘리기 1회)×5회 / 올리브-(짧은뜨기 2코, 코늘리기 1회)×3회. [32코]

5단: 진녹색-짧은뜨기 1코, 코늘리기 1회, (짧은뜨기 3코, 코늘리기 1회)×4회, 짧은뜨기 2코 / 올리브-짧은뜨기 1코, 코늘리기 1회, (짧은뜨기 3코, 코늘리기 1회)×2회, 짧은뜨기 2코. [40코]

6단: 진녹색-(짧은뜨기 4코, 코늘리기 1회)×5회 / 올리브-(짧은뜨기 4코, 코늘리기 1회)×3회. [48코]

7단: 진녹색-짧은뜨기 30코 / 올리브-짧은뜨기 18코. [48코]

8단: 진녹색-(짧은뜨기 7코, 코늘리기 1회)×3회, 짧은뜨기 6코 / 올리브-짧은뜨기 1코, 코늘리기 1회, (짧은뜨기 7코, 코늘리기 1회)×2회. [54코]

9단: 진녹색-짧은뜨기 3코, 코늘리기 1회, (짧은뜨기 8코, 코늘리기 1회)×3회, 짧은뜨기 2코 / 올리브-짧은뜨기 6코, 코늘리기 1회, 짧은뜨기 8코, 코늘리기 1회, 짧은뜨기 5코. [60코]

10단: 진녹색-(짧은뜨기 11코, 코늘리기 1회)×3회, 짧은뜨기 1코 / 올리브-짧은뜨기 10코, 코늘리기 1회, 짧은뜨기 11코, 코늘리기 1회. [65코]

11~31단(21단): 진녹색-짧은뜨기 40코 / 올리브-짧은뜨기 25코. [65코]
몸통을 충전재로 채우기 시작하고 뜨개질하면서 보충한다.

32단: 진녹색-짧은뜨기 3코, 코줄이기 1회, (짧은뜨기 6코, 코줄이기 1회)×4회, 짧은뜨기 3코 / 올리브-짧은뜨기 25코. [60코]

33~34단(2단): 진녹색-짧은뜨기 35코 / 올리브-짧은뜨기 25코. [60코]

35단: 진녹색-(짧은뜨기 8코, 코줄이기 1회)×3회, 짧은뜨기 5코 / 올리브-짧은뜨기 3코, 코줄이기 1회, (짧은뜨기 8코, 코줄이기 1회)×2회. [54코]

36~37단(2단): 진녹색-짧은뜨기 32코 / 올리브-짧은뜨기 22코. [54코]

38단: 진녹색-(짧은뜨기 7코, 코줄이기 1회)×3회, 짧은뜨기 5코 / 올리브-짧은뜨기 2코, 코줄이기 1회, (짧은뜨기 7코, 코줄이기 1회)×2회. [48코]

39단: 진녹색-(짧은뜨기 4코, 코줄이기 1회)×5회 / 올리브-(짧은뜨기 4코, 코줄이기 1회)×2회, 짧은뜨기 4코 / 진녹색-코줄이기 1회. [40코]

40단: 짧은뜨기 1코, 코줄이기 1회, (짧은뜨기 3코, 코줄이기 1회)×4회, 짧은뜨기 2코 / 올리브-짧은뜨기 1코, 코줄이기 1회, (짧은뜨기 3코, 코줄이기 1회)×2회, 짧은뜨기 1코 / 진녹색-짧은뜨기 1코. [32코]

41단: 짧은뜨기 20코 / 올리브-짧은뜨기 11코 / 진녹색-짧은뜨기 1코. [32코]

42단: (짧은뜨기 6코, 코줄이기 1회)×2회, 짧은뜨기 5코 / 올리브-짧은뜨기 1코, 코줄이기 1회, 짧은뜨기 6코 / 진녹색-코줄이기 1회. [28코]

43단: 짧은뜨기 19코 / 올리브-짧은뜨기 8코 / 진녹색-짧은뜨기 1코. [28코]

44단: (짧은뜨기 5코, 코줄이기 1회)×2회, 짧은뜨기 5코 / 올리브-코줄이기 1회, 짧은뜨기 5코 / 진녹색-코줄이기 1회. [24코]

45단: 짧은뜨기 18코. / 올리브-짧은뜨기 4코 / 진녹색-짧은뜨기 2코. [24코]
올리브색 실을 자르고 진녹색 실로 계속 뜬다.

46단: (짧은뜨기 3코, 코늘리기 1회)×6회. [30코]

47~48단(2단): (민트-짧은뜨기 1코 / 진녹색-짧은뜨기 2코)×10회. [30코]

49단: (민트-짧은뜨기 2코 / 진녹색-짧은뜨기 1코)×10회. [30코]
49단 끝에서 노란색 실을 걸고 진녹색 실은 자른다.

50단: (노랑-짧은뜨기 1코 / 민트-짧은뜨기 3코, 코늘리기 1회)×6회. [36코]

51단: (노랑-짧은뜨기 1코 / 민트-짧은뜨기 2코)×12회. [36코]

52단: (노랑-짧은뜨기 2코 / 민트-짧은뜨기 1코)×12회. [36코]

53단: (노랑-짧은뜨기 5코 / 민트-짧은뜨기 1코)×6회. [36코]
53단 끝에서 노란색 실을 걸고 민트 실은 자른다.

54단: 노랑-짧은뜨기 1코, (주황-짧은뜨기 1코 / 노랑-짧은뜨기 5코)×5회 / 주황-짧은뜨기 1코 / 노랑-짧은뜨기 4코. [36코]

55단: 짧은뜨기 1코, (주황-짧은뜨기 1코 / 노랑-짧은뜨기 2코)×11회, 주황-짧은뜨기 1코 / 노랑-짧은뜨기 1코. [36코]

56단: (주황-짧은뜨기 2코 / 노랑-짧은뜨기 1코)×12회. [36코]

57단: (주황-코줄이기 1회, 짧은뜨기 3코 / 노랑-짧은뜨기 1코)×6회. [30코]
57단 끝에서 노란색 실을 자르고 주황색 실로 계속 뜬다.

58단: 각각의 코에 짧은뜨기 1코. [30코]

59단: (짧은뜨기 3코, 코줄이기 1회)×6회. [24코]

60단: (짧은뜨기 2코, 코줄이기 1회)×6회. [18코]

61단: (짧은뜨기 1코, 코줄이기 1회)×6회. [12코]

62단: 코줄이기 6회. [6코]
몸통과 꼬리지느러미를 충전재로 꼼꼼하게 채운다. 남은 코를 닫는다(1).

입 [올리브]

시작코로 사슬뜨기 31코를 뜬다. 바늘에서 두 번째 사슬코에서 시작해서 왕복뜨기한다. 각 열의 첫 사슬뜨기는 콧수로 세지 않는다.

1열: 짧은뜨기 30코, 편물을 뒤집는다. [30코]

2~3열(2열): 사슬뜨기 1코, 짧은뜨기 30코, 편물을 뒤집는다. [30코]

4열: 사슬뜨기 1코, 짧은뜨기 4코, 코줄이기 1회, (짧은뜨기 8코, 코줄이기 1회)×2회, 짧은뜨기 4코, 편물을 뒤집는다. [27코]

5~9열(5열): 사슬뜨기 1코, 짧은뜨기 27코, 편물을 뒤집는다. [27코]

1

10열: 사슬뜨기 1코, 짧은뜨기 3코, 코줄이기 1회, (짧은뜨기 7코, 코줄이기 1회)×2회, 짧은뜨기 4코, 편물을 뒤집는다. [24코]

11열: 사슬뜨기 1코, 짧은뜨기 24코, 편물을 뒤집는다. [24코]

12열: 사슬뜨기 1코, 짧은뜨기 2코, 코줄이기 1회, (짧은뜨기 4코, 코줄이기 1회)×3회, 짧은뜨기 2코, 편물을 뒤집는다. [20코]

13열: 사슬뜨기 1코, 짧은뜨기 20코, 편물을 뒤집는다. [20코]

14열: 사슬뜨기 1코, 짧은뜨기 1코, 코줄이기 1회, (짧은뜨기 3코, 코줄이기 1회)×3회, 짧은뜨기 2코, 편물을 뒤집는다. [16코]

15열: 사슬뜨기 1코, 짧은뜨기 16코, 편물을 뒤집는다. [16코]

16열: 사슬뜨기 1코, 짧은뜨기 1코, 코줄이기 1회, (짧은뜨기 2코, 코줄이기 1회)×3회, 짧은뜨기 1코, 편물을 뒤집는다. [12코]

17열: 사슬뜨기 1코, 짧은뜨기 12코, 편물을 뒤집는다. [12코]

18열: 사슬뜨기 1코, (짧은뜨기 1코, 코줄이기 1회)×4회, 편물을 뒤집는다. [8코]

19열: 사슬뜨기 1코, 짧은뜨기 8코, 편물을 뒤집는다. [8코]

20열: 사슬뜨기 1코, 코줄이기 4회. [4코]
20열 끝에서 만들어진 편물 가장자리를 따라 짧은뜨기를 하고(2, 3, 4, 5) 크림색 실을 건다. 올리브색 실은 바깥에 그대로 둔다(6). 올리브색 실은 입 디테일을 뜨는 데 사용한다.

이빨 [크림]

크림색 실로 입 주위를 따라 뒤 반코에 뜬다. 가장 좁은 부분 끝에서 시작해서 입 측면을 향해 뜬다. (빼뜨기 1코, 사슬뜨기 5코(7), 바늘에서 두 번째 코에 바늘을 넣고 짧은뜨기 1코, 긴뜨기 1코, 한길긴뜨기 2코(8), 사슬코 3코 건너뛰기, 빼뜨기 1코(9, 10))를 5회 반복한다. 바느질할 실을 충분히 남기고 자른다. 총 5개의 이빨이 만들어졌다(11).

14

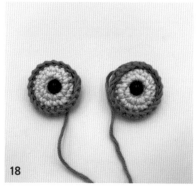

18

20

입 디테일

입 둘레의 열 앞 반코에만 뜬다. 첫 번째 코에 바늘을 넣어 올리브색 실을 걸고(15) 입을 따라 빼뜨기를 뜨고 (16) 빼뜨기 1코로 닫는다. 바느질할 실을 충분히 남기고 자른다(17).

15

16

17

19

입의 남은 측면에 앞에서 한 것과 같은 방법으로 이빨을 뜬다. 크림색 실을 입의 오른쪽 끝에 연결하고(12) 앞의 괄호 안 지시를 4회 반복한다(13, 14). 바느질할 실을 충분히 남기고 자른다.
입 디테일은 옆의 박스를 참조한다.

눈[크림색으로 시작, 2개]
1단: 매직링에 짧은뜨기 7코. [7코]
2단: 코늘리기 7회. [14코]
3단: (짧은뜨기 1코, 코늘리기 1회)×7회. [21코]
3단 끝에서 민트색 실을 걸고 크림색 실은 자른다.
4단: 각각의 코에 짧은뜨기 1코. [21코]
5단: 앞 반코에만 뜬다. 각각의 코에 짧은뜨기 1코. [21코]

바느질할 실을 충분히 남기고 자른다.
보이지 않게 사슬 연결한다(20쪽 참조).
매직링에 눈을 단다(18, 19).

촉수[주황으로 시작]
1단: 매직링에 짧은뜨기 6코. [6코]
2단: 코늘리기 6회. [12코]
3단: (짧은뜨기 2코, 코늘리기 1회)×4회. [16코]
4~6단(3단): 각각의 코에 짧은뜨기 1코. [16코]
7단: (짧은뜨기 2코, 코줄이기 1회)×4회. [12코]
촉수 끝 빛나는 초롱 부분의 공 모양을 충전재로 채운다.
8단: 코줄이기 6회. [6코]
8단 끝에서 진녹색 실을 걸고 주황색 실은 자른다. 나머지는 충전재로 채우지 않는다.
9~10단(2단): 각각의 코에 짧은뜨기 1코. [6코]
11단: 각각의 코에 짧은뜨기 5코, 코늘리기 1회. [7코]
12~16단(5단): 각각의 코에 짧은뜨기 1코. [7코]
17단: 짧은뜨기 6코, 코늘리기 1회. [8코]
18~29단(12단): 각각의 코에 짧은뜨기 1코. [8코]
바느질할 실을 충분히 남기고 자른다(20).

지느러미

가슴지느러미(주황으로 시작, 2개)

1단: 매직링에 짧은뜨기 6코. [6코]
2단: 코늘리기 6회. [12코]
3단: (짧은뜨기 1코, 코늘리기 1회)×6회. [18코]
4단: (노랑-짧은뜨기 1코 / 주황-짧은뜨기 1코, 코늘리기 1회)×6회. [24코]
5단: 노랑-짧은뜨기 2코, (주황-짧은뜨기 1코 / 노랑-짧은뜨기 3코)×5회, 주황-짧은뜨기 1코 / 노랑-짧은뜨기 1코. [24코]
5단 끝에서 민트색 실을 걸고 주황색 실은 자른다.
6단: (민트-짧은뜨기 1코 / 노랑-짧은뜨기 3코)×6회. [24코]
7단: (민트-짧은뜨기 2코 / 노랑-짧은뜨기 1코 / 민트-짧은뜨기 3코 / 노랑-짧은뜨기 1코 / 민트-짧은뜨기 3코 / 노랑-코줄이기 1회)×2회. [22코]
7단 끝에서 진녹색 실을 걸고 노란색 실은 자른다.
8단: (진녹색-짧은뜨기 1코 / 민트-짧은뜨기 3코 / 진녹색-짧은뜨기 1코 / 민트-짧은뜨기 3코 / 진녹색-짧은뜨기 1코 / 민트-코줄이기 1회)×2회. [20코]
9단: (진녹색-짧은뜨기 2코 / 민트-짧은뜨기 1코 / 진녹색-짧은뜨기 3코 / 민트-짧은뜨기 1코 / 진녹색-짧은뜨기 1코, 코줄이기 1회)×2회. [18코]
9단 끝에서 민트색 실은 자르고 진녹색 실로 계속 뜬다.
10단: (짧은뜨기 7코, 코줄이기 1회)×2회. [16코]
11단: (짧은뜨기 2코, 코줄이기 1회)×4회. [12코]

21

22

가슴지느러미를 핀으로 납작하게 고정하고 열린 부분을 맞물려 코들을 나란히 맞춘다(21). 마주 보는 2코씩 짧은뜨기로 차례로 닫아준다. [6코]
바느질할 실을 충분히 남기고 자른다(22).

등지느러미(주황으로 시작)

1~11단: 가슴지느러미의 1~11단과 똑같이 뜬다.
11단 끝에서 바느질할 실을 충분히 남기고 자른다.
등지느러미를 충전재로 채운다(22).

연결하기

시침핀으로 몸통의 1단과 17단 사이에 입을 고정한다. 몸통 양쪽에 이빨 끝을 하나씩 연결하고 입의 나머지 부분을 연결한다(23, 24).
몸통의 19단과 20단 사이에 촉수를 연결한다.
시침핀으로 몸통의 11단과 18단 사이에 10코 간격으로 두 눈을 고정하고 연결한다(25).
몸통의 35단과 40단 사이에 등지느러미를 연결한다. 몸통의 24단에 가슴지느러미를 연결한다(26, 27).
주황색, 녹색, 노란색 실을 이용하여 프렌치노트 스티치로 몸통에 점무늬를 수놓는다(28)(25쪽 참조).

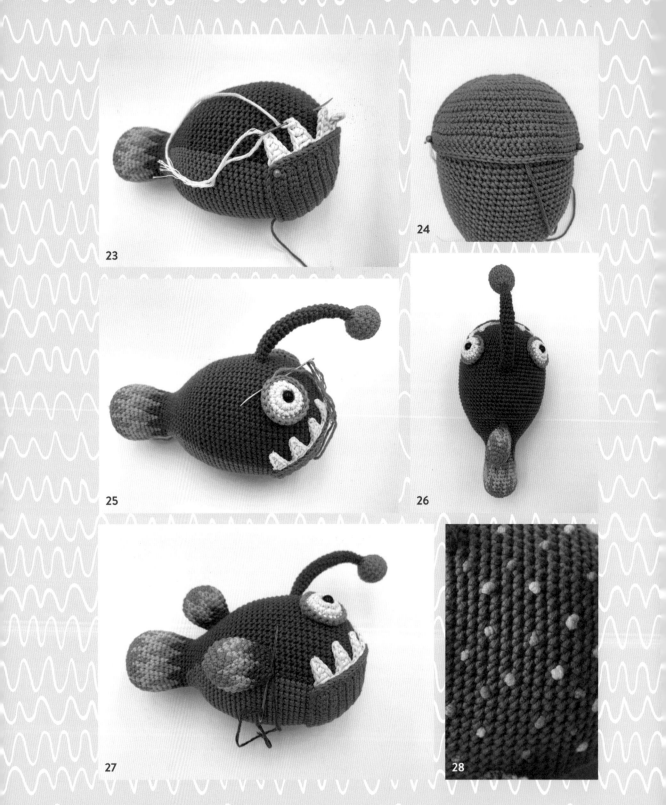

23

24

25

26

27

28

파란색 서니 만들기

다음은 파란색 서니를 만드는 데 필요한 대체 재료와 실입니다.
상상력에 따라 다른 색상을 이용해도 좋아요!

	녹색 서니	파란색 서니
재료		
	네추라 저스트코튼(DMC)	
몸통	N14 진녹색(1타래)	N70 파랑(1타래)
배	N989 올리브(1타래)	N05 하늘색(1타래)
지느러미 줄무늬와 몸통의 디테일	N16 노랑과 N20 민트(조금)	N83 노랑과 N878 파랑(조금)
이빨과 눈	N35 크림(조금)	
눈 주위	N20 민트 (지느러미 줄무늬를 뜨고 남은 실)	N878 파랑 (지느러미 줄무늬를 뜨고 남은 실)
	네추라 저스트코튼(DMC)	울리(DMC)
초롱, 지느러미 끝과 몸통의 디테일	N47 주황(조금)	454 코랄(조금)

순록 옌 YEN

순록 옌은 일 년 중 가장 아름다운 날을 만끽하고 있어요. 맞아요! 봄이 왔어요! 옌은 봄을 맞이하려고 예쁜 분홍색 원피스를 입고 머리에 꽃을 꽂았답니다. 옌은 마법과도 같은 봄의 모든 색과 소리, 향기를 좋아해요. 그리고 이런 선물을 준 자연에 감사해요.

난이도
***

크기: 32cm

재료
- 기본 키트(10쪽 참조)
- 2.25mm 코바늘
- 7mm 나사눈 2개
- 작은 진주 3개

실
- 네추라 저스트코튼(DMC)
  - N22 갈색(1타래)
  - N35 크림(1타래)
  - N78 회색(1타래)
  - N82 분홍(조금)
  - N20 민트(조금)
- 울리(DMC)
  - 454 코랄(1타래)
  - 045 진분홍(조금)
  - 087 진녹색(조금)
  - 091 노랑(조금)
  - 134 베이지(조금)
- 갈색 자수실

머리[회색으로 시작]
1단 : 매직링에 짧은뜨기 8코. [8코]
2단 : 코늘리기 8코. [16코]
3단 : (짧은뜨기 1코, 코늘리기 1회)×8회. [24코]
4단 : (짧은뜨기 2코, 코늘리기 1회)×8회. [32코]
5단 : 짧은뜨기 1코, 코늘리기 1회, (짧은뜨기 3코, 코늘리기 1회)×7회, 짧은뜨기 2코. [40코]
6단 : (짧은뜨기 4코, 코늘리기 1회)×8회. [48코]
7~8단(2단) : 각각의 코에 짧은뜨기 1코. [48코]
9단 : (짧은뜨기 7코, 코늘리기 1회)×6회. [54코]
10단 : 각각의 코에 짧은뜨기 1코. [54코]
11단 : 짧은뜨기 18코 / 크림-짧은뜨기 1코 / 회색-짧은뜨기 16코 / 크림-짧은뜨기 1코 / 회색-짧은뜨기 18코. [54코]
12단 : 짧은뜨기 17코 / 크림-짧은뜨기 3코 / 회색-짧은뜨기 14코 / 크림-짧은뜨기 3코 / 회색-짧은뜨기 17코. [54코]
13단 : 짧은뜨기 16코 / 크림-짧은뜨기 5코 / 회색-짧은뜨기 12코 / 크림-짧은뜨기 5코 / 회색-짧은뜨기 16코. [54코]
14단 : 짧은뜨기 15코 / 크림-짧은뜨기 7코 / 회색-짧은뜨기 10코 / 크림-짧은뜨기 7코 / 회색-짧은뜨기 15코. [54코]
15단 : 짧은뜨기 8코, 코늘리기 1회, 짧은뜨기 5코 / 크림-짧은뜨기 3코, 코늘리기 1회, 짧은뜨기 5코 / 회색-짧은뜨기 3코, 코늘리기 1회, 짧은뜨기 4코 / 크림-짧은뜨기 4코, 코늘리기 1회, 짧은뜨기 4코 / 회색-짧은뜨기 4코, 코늘리기 1회, 짧은뜨기 8코, 코늘리기 1회. [60코]
16단 : 짧은뜨기 14코 / 크림-짧은뜨기 12코 / 회색-짧은뜨기 7코 / 크림-짧은뜨기 12코 / 회색-짧은뜨기 15코. [60코]
17단 : 짧은뜨기 14코 / 크림-짧은뜨기 13코 / 회색-짧은뜨기 5코 / 크림-짧은뜨기 13코 / 회색-짧은뜨기 15코. [60코]
18단 : 짧은뜨기 14코, 크림-짧은뜨기 14코 / 회색-짧은뜨기 3코 / 크림-짧은뜨기 14코 / 회색-짧은뜨기 15코. [60코]
19~21단(3단) : 짧은뜨기 14코 / 크림-짧은뜨기 31코 / 회색-짧은뜨기 15코. [60코]
22단 : 짧은뜨기 9코, 코늘리기 1회, 짧은뜨기 4코 / 크림-짧은뜨기 5코, 코늘리기 1회, (짧은뜨기 9코, 코늘리기 1회)×2회, 짧은뜨기 5코 / 회색-짧은뜨기 4코, 코늘리기 1회, 짧은뜨기 9코, 코늘리기 1회. [66코]
23단 : 짧은뜨기 4코, 코줄이기 1회, 짧은뜨기 9코 / 크림-(코줄이기 1회, 짧은뜨기 9코)×3회 / 회색-코줄이기 1회, 짧은뜨기 9코, 코줄이기 1회, 짧은뜨기 5코. [60코]
24단 : 짧은뜨기 8코, 코줄이기 1회, 짧은뜨기 4코 / 크림-짧은뜨기 4코, 코줄이기 1회, (짧은뜨기 8코, 코줄이기 1회)×2회,

1

짧은뜨기 4코 / 회색-짧은뜨기 4코, 코줄이기 1회, 짧은뜨기 8코, 코줄이기 1회. [54코]

25단: 짧은뜨기 3코, 코줄이기 1회, 짧은뜨기 7코, 코줄이기 1회 / 크림-(짧은뜨기 7코, 코줄이기 1회)×2회, 짧은뜨기 7코 / 회색-코줄이기 1회, 짧은뜨기 7코, 코줄이기 1회, 짧은뜨기 4코. [48코]

26단: 짧은뜨기 6코, 코줄이기 1회, 짧은뜨기 4코 / 크림-짧은뜨기 2코, (코줄이기 1회, 짧은뜨기 6코)×2회, 코줄이기 1회, 짧은뜨기 3코 / 회색-짧은뜨기 3코, 코줄이기 1회, 짧은뜨기 6코, 코줄이기 1회. [42코]

머리의 18단과 19단 사이에 11코 간격으로 두 눈을 단다. 두 눈은 크림색 부분에 위치해야 한다.

머리를 충전재로 채우기 시작하고 뜨개질하면서 보충한다.

27단: 짧은뜨기 2코, 코줄이기 1회, 짧은뜨기 5코, 코줄이기 1회 / 크림-(짧은뜨기 5코, 코줄이기 1회)×2회, 짧은뜨기 5코 / 회색-코줄이기 1회, 짧은뜨기 5코, 코줄이기 1회, 짧은뜨기 3코. [36코]

28단: 짧은뜨기 4코, 코줄이기 1회, 짧은뜨기 3코 / 크림-짧은뜨기 1코, (코줄이기 1회, 짧은뜨기 4코)×2회, 코줄이기 1회, 짧은뜨기 2코 / 회색-짧은뜨기 2코, 코줄이기 1회, 짧은뜨기 4코, 코줄이기 1회. [30코]

29단: (짧은뜨기 3코, 코줄이기 1회)×6회. [24코]

바느질할 실을 충분히 남기고 자른다.

갈색 자수실로 양쪽 눈 바로 위에 눈꺼풀을 수놓고 눈에서 3단 위에 눈썹을 수놓는다. 크림색 실로 머리에 작은 점들을 수놓는다. 뺨에 블러셔를 바른다(1).

2

3

귀[회색, 2개]

1단: 매직링에 짧은뜨기 6코. [6코]

2단: (코늘리기 1회, 짧은뜨기 1코)×3회. [9코]

3단: (짧은뜨기 2코, 코늘리기 1회)×3회. [12코]

4단: (짧은뜨기 3코, 코늘리기 1회)×3회. [15코]

5단: (짧은뜨기 4코, 코늘리기 1회)×3회. [18코]

6단: 짧은뜨기 2코, 코늘리기 1회, (짧은뜨기 5코, 코늘리기 1회)×2회, 짧은뜨기 3코. [21코]

7단 (짧은뜨기 6코, 코늘리기 1회)×3회. [24코]

8~11단(4단): 각각의 코에 짧은뜨기 1코. [24코]

12단: (짧은뜨기 2코, 코줄이기 1회)×6회. [18코]

귀를 핀으로 납작하게 고정하고 열린 부분을 맞추려 코들을 나란히 맞춘다(2). 마주보는 2코씩 짧은뜨기로 차례로 닫아준다. [9코]

바느질할 실을 충분히 남기고 자른다(3).

뿔[갈색, 2개]

뿔은 3개의 작은 갈래로 이루어진다. 뿔을 뜨면서 충전재로 채운다.

첫 번째 갈래

1단: 매직링에 짧은뜨기 6코. [6코]

2단: (코늘리기 1회, 짧은뜨기 2코)×2회. [8코]

3~5단(3단): 각각의 코에 짧은뜨기 1코. [8코]

실을 자르고 남은 실은 정리한다.

두 번째 갈래

1단: 매직링에 짧은뜨기 6코. [6코]

2단: (코늘리기 1회, 짧은뜨기 2코)×2회. [8코]

3~6단(4단): 각각의 코에 짧은뜨기 1코. [8코]

실을 자르고 남은 실은 정리한다.

세 번째 갈래

1단: 매직링에 짧은뜨기 6코. [6코]

2단: (코늘리기 1회, 짧은뜨기 2코)×2회. [8코]

3~7단(5단): 각각의 코에 짧은뜨기 1코. [8코]

실은 자르지 않는다. 짧은뜨기 1코로 두 번째 갈래에 연결한다(19쪽 참조). 이 짧은뜨기는 다음 단의 첫 코가 된다(4).

8단: 두 번째 갈래 각각의 코에 짧은뜨기 1코, 세 번째 갈래 각각의 코에 짧은뜨기 1코. [16코]

9단: 코줄이기 8회. [8코]

10~11단(2단): 각각의 코에 짧은뜨기 1코. [8코](5)

두 갈래가 연결된 뿔을 짧은뜨기 1코로 첫 번째 갈래에 연결한다(19쪽 참조). 이 짧은뜨기는 다음 단의 첫 코가 된다(6).

12단: 첫 번째 갈래 각각의 코에 짧은뜨기 1코, 뿔의 11단 각각의 코에 짧은뜨기 1코. [16코]

13단: 코줄이기 8회. [8코]

4

14~17단(4단): 각각의 코에 짧은뜨기 1코.
[8코]
바느질할 실을 충분히 남기고 자른다(**7**).

꽃과 잎

큰 꽃
베이지색 실로 사슬뜨기 27코를 뜨고 바늘에서 세 번째 코에서 시작해서 (한 코에 한길긴뜨기 3코, 짧은뜨기 1코)×5회 반복. 코랄색 실을 걸고 베이지색 실은 자른다. (다음 사슬뜨기 2코 각각에 한길긴뜨기 3코, 짧은뜨기 1코)×5회 반복.
바느질할 실을 충분히 남기고 자른다.
편물을 꽃 형태로 말아서 남은 실로 바느질한다. 머리에 연결할 실을 충분히 남기고 자른다(**8, 9**).
분홍색과 진분홍색으로 꽃을 또 하나 만든다(**10**).

작은 꽃
노란색 실로 사슬뜨기 8코를 뜨고 바늘에서 세 번째 코에서 시작해서 (한 코에 한길긴뜨기 3코, 짧은뜨기 1코)×3회.
바느질할 실을 충분히 남기고 자른다.

8

9

10

5

6

7

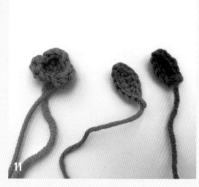

작은 잎(민트색과 진녹색, 2개)

시작코로 사슬뜨기 6코를 뜬다. 바늘에서 두 번째 코에서 시작한다. 이 시작코를 중심으로 원형뜨기한다. 짧은뜨기 2코, 긴뜨기 1코, 짧은뜨기 1코, 사슬뜨기 마지막 코에 {짧은뜨기 1코, 사슬뜨기 2코, 짧은뜨기 1코}. 맞은편도 이어서 뜬다. 짧은뜨기 1코, 긴뜨기 1코, 짧은뜨기 2코, 빼뜨기 1코로 닫기.

바느질할 실을 충분히 남기고 자른다(11).

머리 연결하기

시침핀으로 머리의 4단과 5단에 뿔을, 10단과 11단에 귀를 고정하고 연결한다(12).
머리에 꽃과 잎을 연결한다(13).

다리(갈색으로 시작, 2개)

1단: 짧은뜨기 6코. [6코]
2단: 코늘리기 6회. [12코]
3단: 코늘리기 1회, 짧은뜨기 11코. [13코]
4~15단(12단): 각각의 코에 짧은뜨기 1코. [13코]

15단 끝에서 회색 실을 걸고 갈색 실은 자른다.

16단: 뒤 반코에만 뜬다. 각각의 코에 짧은뜨기 1코. [13코]

다리를 충전재로 채우기 시작하고 뜨개질하면서 보충한다.

17~35단(19단): 각각의 코에 짧은뜨기 1코. [13코]

첫 번째 다리를 뜬 후에는 실을 자르지만, 두 번째 다리를 뜬 후에는 자르지 않고 두 다리를 연결하고 이어서 몸통을 뜨는 데 사용한다.

신발 디테일은 옆의 박스를 참조한다.

신발 디테일

다리의 15단 앞 반코에만 뜬다. 단의 마지막 코에 바늘을 넣어 크림색 실을 걸고(14) 단 끝까지 각각의 코에 빼뜨기 1코. [13코]
실을 자르고 남은 실을 정리한다(15).

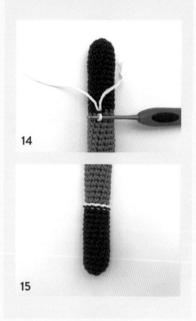

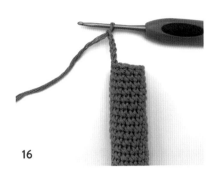

16

몸통[회색]

연결한 두 다리에 이어서 뜬다.

두 번째 다리에서 시작한다. 사슬뜨기 5코를 뜬 후(16) 짧은뜨기 1코로 첫 번째 다리에 연결한다(19쪽 참조). 이 짧은뜨기 코는 몸통의 첫 코가 된다(17).

1단: 첫 번째 다리 각각의 코에 짧은뜨기 1코, 사슬뜨기 5코 각각에 짧은뜨기 1코, 두 번째 다리 각각의 코에 짧은뜨기 1코, 사슬뜨기 5코 각각의 다른 반코에 짧은뜨기 1코. [36코]

2단: (짧은뜨기 5코, 코늘리기 1회)×6회. [42코]

3단: 각각의 코에 짧은뜨기 1코. [42코]

4단: 코늘리기 1회, 짧은뜨기 13코, (코늘리기 1회, 짧은뜨기 2코)×3회, 짧은뜨기 12코, 코늘리기 1회, 짧은뜨기 2코, 코늘리기 1회, 짧은뜨기 3코. [48코]

5단: 각각의 코에 짧은뜨기 1코. [48코]

6단: (짧은뜨기 6코, 코줄이기 1회)×6회. [42코]

몸통을 충전재로 채우기 시작하고 뜨개질하면서 보충한다.

7단: 각각의 코에 짧은뜨기 1코. [42코]

8단: 짧은뜨기 7코, 코줄이기 1회, 짧은뜨기 19코, 코줄이기 1회, 짧은뜨기 12코. [40코]

9~11단(3단): 각각의 코에 짧은뜨기 1코. [40코]

12단: 짧은뜨기 7코, 코줄이기 1회, 짧은뜨기 18코, 코줄이기 1회, 짧은뜨기 11코. [38코]

13~16단(4단): 각각의 코에 짧은뜨기 1코. [38코]

17단: 짧은뜨기 6코, 코줄이기 1회, 짧은뜨기 17코, 코줄이기 1회, 짧은뜨기 11코. [36코]

18단: 각각의 코에 짧은뜨기 1코. [36코]

19단: (짧은뜨기 10코, 코줄이기 1회)×3회. [33코]

20단: 각각의 코에 짧은뜨기 1코. [33코]

21단: (짧은뜨기 9코, 코줄이기 1회)×3회. [30코]

17

18

19

20

22단: 각각의 코에 짧은뜨기 1코. [30코]

23단: (짧은뜨기 3코, 코줄이기 1회)×6회. [24코]

24~25단(2단): 각각의 코에 짧은뜨기 1코. [24코]

바느질할 실을 충분히 남기고 자른다.

크림색 실로 신발에 신발끈을 수놓는다 (18, 19).

팔[회색, 2개]

1단: 매직링에 짧은뜨기 6코. [6코]

2단: (코늘리기 1회, 짧은뜨기 1코)×3회. [9코]

팔을 충전재로 채우기 시작하고 뜨개질하면서 보충한다.

3~25단(23단): 각각의 코에 짧은뜨기 1코. [9코]

팔을 핀으로 납작하게 고정하고 열린 부분을 맞물려 코들을 나란히 맞춘다. 마주 보는 2코씩 짧은뜨기로 차례로 닫아준다. [4코]
바느질할 실을 충분히 남기고 자른다(20).

21

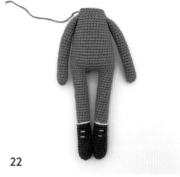

22

몸통 연결하기
몸통의 마지막 단에서 3단 아래에 팔을 연결한다(**21**, **22**).
몸통에 머리를 연결하고 머리에 충전재를 꼼꼼히 채운 후 완전히 닫는다.

원피스[코랄]
시작코로 사슬뜨기 29코를 뜬다. 바늘에서 여섯 번째 사슬코에서 시작해서 왕복뜨기한다. 각 단의 첫 사슬뜨기는 콧수로 세지 않는다.
1열: 짧은뜨기 1코, 코늘리기 1회, (짧은뜨기 2코, 코늘리기 1회)×7회, 짧은뜨기 1코, 편물을 뒤집는다. [첫 번째 단춧구멍+32코]
2열: 앞 반코에만 뜬다. 사슬뜨기 1코, 짧은뜨기 5코, 사슬뜨기 4코 뜨고 6코 건너뛰기, 짧은뜨기 10코, 사슬뜨기 4코 뜨고 6코 건너뛰기, 짧은뜨기 5코. 편물을 뒤집는다. [28코]

3열: 사슬뜨기 1코, 짧은뜨기 1코, 코늘리기 1회, (짧은뜨기 3코, 코늘리기 1회)×6회, 짧은뜨기 2코, 편물을 뒤집는다. [35코]
4열: 사슬뜨기 1코, 짧은뜨기 1코, 열 끝까지 각각의 코에 짧은뜨기 1코, 사슬뜨기 5코, 편물을 뒤집는다. [40코](**23**)
5열: 바늘에서 여섯 번째 코에서 시작(*두 번째 단춧구멍*)(**24**), 각각의 코에 짧은뜨기 1코, 편물을 뒤집는다. [35코]
6~9열(4열): 사슬뜨기 1코, 각각의 코에 짧은뜨기 1코, 편물을 뒤집는다. [35코]
10열: 사슬뜨기 1코, 열 끝까지 각각의 코에 짧은뜨기 1코, 사슬뜨기 5코, 편물을 뒤집는다. [40코]
11열: 바늘에서 여섯 번째 코에서 시작(*세 번째 단춧구멍*). 각각의 코에 짧은뜨기 1코, 편물을 뒤집는다. [35코]
12열: 사슬뜨기 1코, 각각의 코에 짧은뜨기 1코. [35코]
13열: 뒤 반코에만 뜬다. 사슬뜨기 3코, 각각의 코에 한길긴뜨기 2코. [70코]
13열 끝에서 편물을 뒤집지 말고 빼뜨기 1코로 열의 첫 번째 코에 연결한다(**25**). 이어서 단을 닫아가며 뜬다.
14단: 사슬뜨기 3코, 사슬뜨기한 같은 코에 한길긴뜨기 1코, (4코 건너뛰기, 같은 코에 {한길긴뜨기 2코, 사슬뜨기 1코, 한길긴뜨기 2코})×13회(**26**), 4코 건너뛰기, 단의 첫 사슬코에 한길긴뜨기 2코, 사슬뜨기 1코, 빼뜨기 1코로 닫기(**27**). [70코]
15~21단(7단): 사슬뜨기 3코, 사슬뜨기한 같은 코에 한길긴뜨기 1코, (4코 건너뛰기, 이전 단의 사슬뜨기 1코에 {한길긴뜨기 2코, 사슬뜨기 1코, 한길긴뜨기 2코})×13회(**28**), 4코 건너뛰기, 이전 단의 사슬뜨기 1코에 한길긴뜨기 2코, 빼뜨기 1코로 닫기(**29**). [70코]
실은 자르고 남은 실을 정리한다.

칼라[코랄]
원피스 1열의 남아 있는 반코에 뜬다. 열의 첫 번째 코에 바늘을 넣어 코랄 실을 건다(**30**). 사슬코에서 시작해서 왕복뜨기한다.
1열: 사슬뜨기 3코, 각각의 코에 한길긴뜨기 1코, 편물을 뒤집는다. [32코]
2열: 사슬뜨기 1코, 각각의 코에 짧은뜨기 1코, 편물을 뒤집는다. [32코]
3열: 뒤 반코에만 뜬다. (사슬뜨기 3코, 다음 코에 빼뜨기 1코)×32회. [96코]
실을 자르고 남은 실을 정리한다.
원피스의 등 부분에 진주 단추를 단다(**31**).

꽃[3개]
진분홍색, 베이지색, 노란색 각각 하나씩 만든다.
매직링에 짧은뜨기 6코를 뜨고 빼뜨기 1코로 닫는다. [6코]
바느질할 실을 충분히 남기고 자른다(**32**).

잎[2개]
진녹색과 민트색 각각 하나씩 만든다.
시작코로 사슬뜨기 3코를 만들고 바늘에서 두 번째 코에서 시작해서 짧은뜨기 2코. 바느질할 실을 충분히 남기고 자른다(**32**).
꽃과 잎을 원피스 앞면에 연결하고 노란색 실로 작은 잎을 수놓는다(**33**).

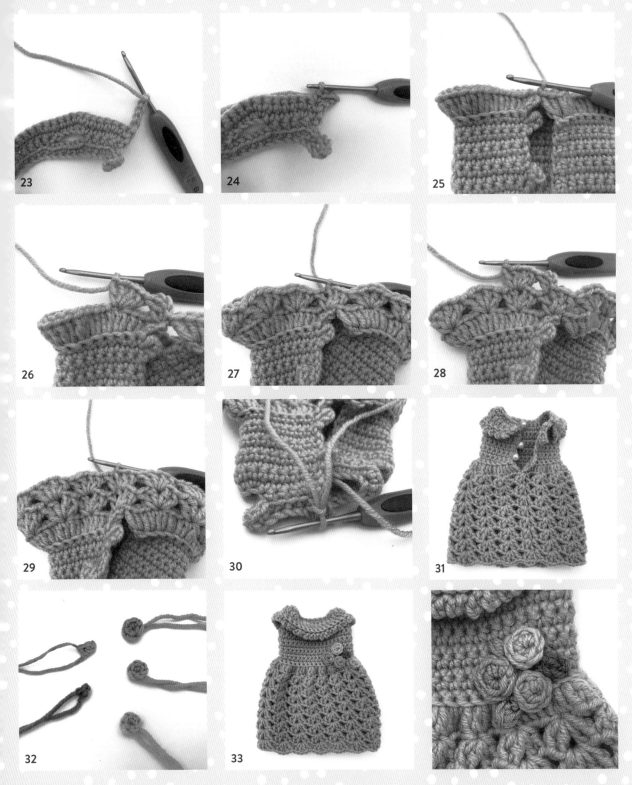

감사의 말

먼저 제가 손뜨개를 시작하게 해주었을 뿐 아니라 매일 저에게 에너지와 열정을 전해주고 어린아이의 사랑스러운 눈길로 깊은 영감을 불어넣는 귀여운 안에게 고마워요. 지금은 많이 자라서(이 책을 쓰고 있는 지금은 벌써 다섯 살이에요) 직접 실 색상을 고르기도 하고 저에게 디테일에 대한 조언을 해주기도 한답니다.

책을 쓸 때마다 항상 저를 지지해주는 남편 바티스트에게 고마워요. 손뜨개에 대해서는 잘 모르지만 제가 프랑스어로 책을 쓰는 것을 도와주었어요.

이번에도 저를 신뢰해주고 전문성을 유감없이 보여준 에이롤 출판사의 모든 분께 고마운 마음을 전합니다. 첫 번째 책 출간을 위해 저에게 처음 연락했을 때부터 이번 책 작업까지 함께해준 오드에게 특별히 감사해요. 따뜻한 조언과 좋은 충고로 처음부터 끝까지 옆에서 도와준 안리즈, 마리아도 감사합니다.

제가 창의성을 마음껏 발휘할 수 있도록 실을 아낌없이 제공해준 프랑스 DMC사와 찰리에게도 감사드립니다.

마지막으로 독자 여러분 감사합니다. 손뜨개를 사랑하는 여러분이 아니었다면 저는 이 자리에 없었을 거예요. 저와 열정을 나누고 이 모험에 함께해주셔서 감사해요.